BEI GRIN MACHT SICH WISSEN BEZAHLT

- Wir veröffentlichen Ihre Hausarbeit, Bachelor- und Masterarbeit

- Ihr eigenes eBook und Buch - weltweit in allen wichtigen Shops

- Verdienen Sie an jedem Verkauf

Jetzt bei www.GRIN.com hochladen und kostenlos publizieren

Bibliografische Information der Deutschen Nationalbibliothek:

Die Deutsche Bibliothek verzeichnet diese Publikation in der Deutschen National-
bibliografie; detaillierte bibliografische Daten sind im Internet über http://dnb.d-
nb.de/ abrufbar.

Impressum:

Copyright © 2006 GRIN Verlag, Open Publishing GmbH
Druck und Bindung: Books on Demand GmbH, Norderstedt Germany
ISBN: 978-3-656-90605-6

Dieses Buch bei GRIN:

http://www.grin.com/de/e-book/288357/die-aufarbeitung-der-themen-tod-und-
trauer-fuer-kinder-mithilfe-von-bilderbuechern

Marcel Stempel

Die Aufarbeitung der Themen Tod und Trauer für Kinder mithilfe von Bilderbüchern

Analyse des Bilderbuches „Abschied von Rune"

GRIN Verlag

Die Aufarbeitung der Themen Tod und Trauer bei Kindern mithilfe von Bilderbüchern

Analyse des Bilderbuches „Abschied von Rune"

Von

Marcel Stempel

Inhaltsverzeichnis

Einleitung

Das Thema „Tod und Trauer" beinhaltet Grundfragen der menschlichen Existenz, die im Laufe der Geschichte an Aktualität und Brisanz nicht verloren haben.

Seit einigen Jahren scheint die öffentliche Auseinandersetzung mit diesem Thema sogar noch bedeutsamer geworden zu sein. Fernsehsendungen, Bücher, Ausstellungen, die Hospiz- und Lebenshausbewegung und zahlreiche andere Beispiele zeugen davon.

Und dennoch lässt sich in der Gesellschaft im Umgang mit dem Thema „Tod und Trauer" oft eine allgemeine Sprachlosigkeit feststellen.

Diese Sprachlosigkeit verstärkt sich, wenn es darum geht, mit Kindern über dieses Thema zu sprechen.

Noch immer denken viele Erwachsene, dass *„Tod und Sterben" Kinder nicht interessieren, „dass sie noch zu klein oder vielleicht auch zu >unschuldig< sind und dass sie von solchen schweren Themen verschont bleiben sollen – frei nach dem Motto: „Das Leben ist später noch hart genug"*[1]

Die oft geäußerte Meinung Erwachsener, Kinder seien noch zu jung, um sich mit solch einer Thematik zu befassen und möglichst in einer heilen Welt aufwachsen, die von Tod und Sterben weitgehend unberührt bleibt, zeugt nicht nur von einer falschen Einschätzung der Kinder, sondern verkennt auch die Realität.

Schon kleine Kinder werden heute mit dem Thema Tod in den Medien, in der Familie und in der Gesellschaft konfrontiert. Sie trauern nach einem Todesfall genau wie Erwachsene.[2]

Doch wie können Erwachsene auf Fragen der Kinder, bezüglich Sterben und Tod, angemessen reagieren? Was können sie den Kindern antworten, teilweise verbunden mit eigener Ratlosigkeit und Unsicherheit? Sollten Kinder ein Mindestalter erreicht haben, um über das Thema sprechen zu können?

Welche Vorerfahrungen haben die Kinder mit dem Thema schon gemacht?

Welche Vorstellung hat ein Kind vom Tod?

Wie können Erwachsenen die Kinder in einer Trauersituation begleiten?

---

[1] Hinderer, Petra/ Kroth, Martina: Kinder bei Tod und Trauer begleiten. Konkrete Hilfestellungen in Trauersituationen für Kindergarten, Grundschule und zu Hause. Reihe: Pädagogische Kompetenz, Band 3. Ökotopia Verlag, Münster 2005. S.5
[2] Vgl. Hinderer, P./ Kroth, M., 2005, S.5

Weiterhin stellt sich die Frage, welche Medien zum Einsatz kommen sollten bei einer Behandlung des Themas: „Tod und Trauer" in der Schule.

Daher beschäftigt sich der Hauptteil der Arbeit mit dem Medium „Bilderbuch" und veranschaulicht seine Funktionen und seinen Nutzwert. Des Weiteren enthält dieses Kapitel Erläuterungen zur realistischen und problemorientierten Kinderliteratur.

Das folgende Kapitel bildet den Schwerpunkt der Arbeit und beinhaltet die Analyse des Bilderbuches „Abschied von Rune" von Wenche Øyen und Marit Kaldhol, die sich an dem Buch „ich werd's trotzdem weitersagen!" von H. Koch und M. Kruck veröffentlichten Kriterien orientiert.

Nach allgemeinen Informationen über die Autorin und Illustratorin konzentriert sich die Analyse vor allem auf die inhaltliche Analyse, die Stilanalyse und abschließend auf die didaktisch-methodische Fragestellung.

Das letzte Kapitel „Didaktische Überlegungen" beinhaltet die Fragestellung, wie und in welchem Zusammenhang das Thema: „Tod und Trauer" in der Schule eingeführt werden kann. Ist fächerübergreifender Unterricht zu dem Thema sinnvoll oder überhaupt möglich? Abschließend werden Lernziele und -chancen aufgezeigt, die mit der Einführung des Themas erreicht und umgesetzt werden sollen.

Die Schlussbetrachtung beinhaltet eine Reflexion und Bewertung des Erarbeiteten.

1. Das Bilderbuch – Eine Kategorisierung

„Bilderbuch - kurz nach der Erfindung des Buchdrucks geprägte Bezeichnung für ein mit Bildern ausgestattetes Buch. Seit Mitte des 19. Jahrhunderts findet der Begriff fast nur noch in Bezug auf – meist großformatige – illustrierte Kinderbücher Anwendung, in denen die Bilder gegenüber dem Text vorherrschen. Bilderbücher wenden sich an Kinder ab etwa zwei Lebensjahren und sind abhängig von der angesprochenen Alterstufe, unterschiedlich ausgestattet, was das Material, die Art und die Anzahl der Illustrationen sowie den Umfang des Textes anbelangt."[3]

Bilderbücher weisen unzählige Merkmale auf, an denen Kategorisierungen vorgenommen werden können. Zwei dieser möglichen Einteilungen werden im Folgenden näher erörtert.

---

[3] Microsoft Encarta Enzyklopädie 2003. 1993-2002 Microsoft Corporation.

4

Zunächst erfolgt eine Erläuterung der Kategorisierung des Bilderbuches in textfreie Bilderbücher und Bilderbücher mit Texteingabe.

Im **textfreien Bilderbuch** ist das Bild der einzige Mitteilungsfaktor. Der Inhalt des Buches wird ohne Text erschlossen, was dem noch leseunfähigen Kleinkind sehr entgegen kommt.[4] „Die Aussagekraft des Bildes beruht auf seiner Anschaulichkeit, mit der es eine abgegrenzte und klar überschaubare Wirklichkeit darstellt."[5] Einzelobjekte oder in sich abgeschlossene Szenarien sind der primäre Inhalt.

Im **Bilderbuch mit Texteingabe** behält das Bild seine dominierende Position bei. Das Wort dient als Unterstützung des Bildes und übernimmt die Funktion, das Bild durch Prosa oder Verse[6] zu benennen, zu verdeutlichen oder inhaltlich zu ergänzen. Eine dem Kind angemessene Sprache bezieht es in das Geschehen mit ein und ermöglicht eine enge Verbindung zwischen dem lesenden Kind und dem Bild. Neben diesen Bilderbüchern, in denen das Bild durch das Wort lediglich eine untergeordnete Unterstützung erfährt, gibt es auch Bilderbücher, in denen Bild und Text gleichbedeutend nebeneinander stehen. Ihr Zusammenwirken erzeugt die Originalität des Werkes.[7]

Bild und Text ergänzen einander und können nicht aufeinander verzichten. Zum Verständnis des Textes benötigt das Kind eine Begleitung, die ihm vorliest und Erläuterungen geben kann.

1.1. Funktionen des Bilderbuches

Das Bilderbuch verfügt über unzählige Funktionen, die an dieser Stelle jedoch nicht einzeln Beachtung finden sollen, da dies den Rahmen dieser Arbeit bei weitem übersteigen würde. Es folgt lediglich eine kurze Übersicht.

Das Bilderbuch ist eine der ersten ästhetischen Erfahrungen, die Kinder in ihrem Leben machen. Es gehört den ersten bildnerisch-literarischen Gegenständen an, mit denen ein Kind in Kontakt kommt.[8] Das Bilderbuch prägt die Einstellung des Kindes zur Literatur und ermöglicht so literarische Ersterlebnisse.

---

[4] Vgl. Kinder- und Jugendliteratur – Ein Lexikon – Autoren Illustratoren Verlage Begriffe. Literarische
  Begriffe/ Werke/ Medien. Band 4, Teil 5. Corian 1996. S. 1.
[5] Kinder- und Jugendliteratur, 1996, S.1.
[6] Vgl. ebd.
[7] Vgl. Kinder- und Jugendliteratur, 1996, S.1f.
[8] Vgl. Thiele, Jens: Das Bilderbuch. In: Lange, Günter (Hrsg.): Taschenbuch der Kinder- und Jugendliteratur.
  Grundlagen Gattungen. Band 1. Schneider Verlag Hohengehren GmbH, Baltmannsweiser 2000. S. 238.

Zudem dient es als Überleitung zu weiteren Gattungen. Das Bilderbuch motiviert das Kind zum Lesenlernen. Es animiert den kleinen Leser zu geistiger Aktivität, indem es aus der Bilderschließung heraus unter anderem, logische Folgerungen zieht, sachliche Erläuterungen abgibt, Vergleiche anstellt oder kritische Anmerkungen gibt. Eine spielerische Steigerung der eigenen Denkleistung entsteht durch das Bildbetrachten. Das Kind lernt Bild und Text zu erkennen, zu deuten und zu interpretieren je weiter es in seiner Entwicklung fortschreitet.

Der erzieherische Aspekt des Bilderbuches liegt darin begründet, das Kind in seinem Denken, Urteilen und Verhalten positiv zu unterstützen und zu beeinflussen. Dies wird dann erreicht, wenn das Kind sich mit den im Bilderbuch auftretenden Figuren identifizieren kann, sich mit ihnen auseinandersetzt und sich anschließend eine eigene Meinung bildet.

Bilderbücher tragen wesentlich dazu bei, ihre Leser in die Realität der Gesellschaft einzuführen. Über die Bilderbuchinhalte erhält das Kind Einblicke in die gesellschaftlichen Normen und Rituale.

1.2. Tod in der Kinderliteratur

In früheren Jahrhunderten und Jahrzehnten bestand die Darstellung von Sterben und Tod in der Kinderliteratur ausschließlich aus verfälschter Todeswirklichkeit. Der Tod wurde in Warngeschichten wiedergegeben, um den Kindern Angst zu machen und gleichzeitig einer Art erzieherischen Auftrag zu erfüllen. Sterben und Tod wurde als Folge von schlechtem, ungezogenem Verhalten dargestellt. Mit einer Tendenz zur Romantisierung unterschied man später zwischen einem Heiligentod und einem Heldentod. Der Heiligentod beinhaltete ein sanftes Einschlafen nach langer Krankheit, während der Heldentod den Verstorbenen als aktives Opfer darstellte und wesentlich von Vaterlandsschwärmereien geprägt war.

Das Sterben und der Tod fanden lange Zeit keinen realen Einzug in die Kinderliteratur.[9] In den 70er Jahren des 20. Jahrhunderts kam es zu einer Wende. 1977 wurde von Elfie Donnely erstmalig das Thema Tod und Sterben realistisch und kindernah in ihrem Buch *„Servus Opa, sagte ich leise"* aufgegriffen.[10] In den 80er Jahren fand die Thematik verstärkt Einhalt in das Bilderbuch. 1987[11] erschien erstmalig ein deutschsprachiges Bilderbuch, das die Thematik

---

[9] Vgl. Plieth, Martina: Kind und Tod. Zum Umgang mit kindlichen Schreckensvorstellungen und Hoffnungs-
  Bildern. Neukirchener Verlag, Neukirchen-Vluyn, 2002, S. 138ff.
[10] Vgl. M. Plieth, 2002, S. 141.
[11] Vgl. Øyen, Wenche/ Kadhol, Marit: Abschied von Rune. Verlag Heinrich Ellermann GmbH, Hamburg 1987.

von „Tod und Trauer" eindrucksvoll aufgriff. Wenche Øyen und Marit Kaldhol thematisieren Sterben, Tod und Trauer eindrucksvoll in ihrem Bilderbuch „Abschied von Rune".[12] Bis heute hat keine andere Thematik ein derartiges kinderliterarisches Interesse hervorgerufen wie die Thematik „Tod und Sterben". Es ist anzumerken, dass kleine Kinder beim Betrachten eines Bilderbuches zu dem Thema Tod zunächst ausschließlich das vordergründige Geschehene wahrnehmen. Die tieferen Zusammenhänge, die sich hinter der Oberfläche verbergen, erschließen sich ihnen erst nach Gesprächen mit dem begleitenden Erwachsenen, der aber auch aufgrund der Brisanz der Thematik dringend notwendig ist.

1.3. Können Bilderbücher dem trauernden Kind helfen?

Entspricht das Bilderbuch den kognitiven Fähigkeiten und den Voraussetzungen des Kindes und erfährt es beim Lesen eine ihm angemessene Begleitung durch einen Erwachsenen, sind bereits zwei wesentliche Voraussetzungen erfüllt, die notwendig sind, damit ein Bilderbuch das Fortschreiten des kindlichen Trauerprozess positiv beeinflussen kann. Wenn diese Voraussetzungen gegeben sind, kann das Bilderbuch eine Vielzahl an Funktionen innerhalb des Trauerprozesses übernehmen.

Das Bilderbuch kann primär als Informationsvermittler dienen, da Kinder sich von Natur aus viele Gedanken machen und Fragen stellen. Es stellt dem Kind Antworten auf seine Fragen zur Verfügung. Es kann Kinder darüber informieren, wie jemand gestorben ist, wie die Verwandten auf den Verlust reagieren und wie der Tod verstanden werden kann. Das Bilderbuch kann als Gesprächsanlass dienen, da Erwachsene oft Schwierigkeiten haben über das Thema zu sprechen. Es kann ihnen helfen ihre Redehemmung zu überwinden, indem es ein Gerüst vorgibt, das bereits wesentliche Antworten auf Kinderfragen bereithält. Erwachsenen wie auch Kindern fällt es schwer, über eigene Gefühle und Gedanken zu sprechen. Das Bilderbuch ermöglicht Kindern, sich ihrer eigenen Gefühle, Gedanken und Verhaltensweisen anzunähern, indem über die auftretenden Figuren und Charaktere im Bilderbuch gesprochen wird.

Neben dem Bilderbuch „Leb wohl, lieber Dachs" von Susan Varley gibt es zahlreiche Bilderbücher, die das Thema Tod mit Hilfe vermenschlichter Tiere behandeln. Einerseits kann das Kind so einen gewissen Abstand zwischen sich und dem Geschehen im Bilderbuch einhalten, andererseits kann es sich in die Gedanken der Tiere hineinversetzen, ohne sich

---

[12] Vgl. Halbey, Hans Adolf: Bilderbuch: Literatur. Neun Kapitel über eine unterschätzte Literaturgattung.
Beltz Athenäum Verlag, Weinheim 1997. S. 199f.

selbst direkt mit einzubeziehen. Mit Hilfe von Bilderbüchern erleben Kinder ihre eigenen Gefühle in fremden Gestalten.[13] Die tragischen Erlebnisse des Kindes finden durch den Protagonisten der Geschichte[14] „zu einer Vertiefung, da persönliche Erfahrungen aus anderer Perspektive betrachtet, erweitert und ergänzt werden.[15] Häufig fühlen sich Kinder nach einem Verlust allein und hilflos.

In dem Bilderbuch *„Abschied von Rune"* von W. Øyen und M. Kaldhol beispielsweise können die kleinen Leser sich mit der Protagonistin der Geschichte vergleichen. Mit dieser kann es nun trauern, hoffen, Ängste bestehen, sich wehren, weinen, verzweifeln und getröstet werden. Indem das Kind am Geschehen der Protagonistin teilnimmt, wird es sich seiner eigenen Gefühle bewusst und beginnt, diese zu verstehen. Anhand der Bilderbuchfigur erfährt es möglicherweise von Lösungen, die es selbst vielleicht nie entdeckt hätte. Dem Kind wird die Möglichkeit gegeben, mit der Protagonistin seinem traurigen Alltag zu entfliehen, um Kräfte für die Alltagsbewältigung zu sammeln. Bilderbücher ermöglichen dem Kind, eine Sprache für seine Gefühle zu finden. Es werden Zusammenhänge in Worte gefasst, die das Kind eventuell erahnen kann, jedoch noch nicht fähig war, diese vollständig zu verstehen.[16] „Das Unbenennbare wird benannt, das vage Gefühl konkretisiert. Was ausgesprochen werden kann, macht weniger Angst.[17] Das Bilderbuch kann auch eingesetzt werden, wenn der Tod eines geliebten Menschen bevorsteht. Bilderbücher, die belastende Situationen darstellen, können von Kindern, die mit ebensolchen noch keine Erfahrung haben, aus einer gewissen Distanz betrachten und sich auf mögliche belastende Situationen einstellen. Stellt sich so eine Belastung für das Kind ein, wird es von dieser nicht völlig überrumpelt, da es darauf vorbereitet wurde.

Bilderbücher geben auch Erwachsenen die Möglichkeit, sich auf eine solche Situation vorzubereiten. Sie können viel über Kinder erfahren und sich auf bevorstehende Fragen vorbereiten.[18]

Diese angeführten Hilfestellungen, die ein Bilderbuch im besten Falle erfüllen kann, gelten natürlich auch für jede andere Art von Kinder- und Jugendbüchern.

---

[13] Vgl. Finger, Gertraud: Mit Kindern trauern. Kreuz Verlag, Stuttgart-Zürich, 2001, S. 80.
[14] Vgl. M. Franz, 2004, S. 157.
[15] M. Franz, 2004, S. 157.
[16] Vgl. G. Finger, 2001, S. 80.
[17] Ebd.
[18] Vgl. M. Finger, 2001, S. 81.

2. Analyse des Bilderbuches „Abschied von Rune" von Wenche Øyen und Marit Kaldhol

2.1. Informationen zur Autorin und Illustratorin

Marit Kaldhol wurde 1955 in Molde, Norwegen, geboren Nachdem sie zunächst einige Jahre als Lehrerin tätig war, begann sie ihre[19] „künstlerischkreative Tätigkeit als Schriftstellerin."[20] Im Jahre 1986 erschien ihr erstes Kinderbuch mit dem Titel „Farvel Rune" das bislang in zehn Ländern verlegt wird und bereits mehrfach prämiert wurde. Die deutsche Ausgabe „Abschied von Rune" erschien erstmals im Jahre 1987.[21] Marit Kaldhol ist verheiratet und Mutter zweier Kinder.[22]

Wenche Øyen wurde 1946 in Oslo, Norwegen, geboren. Sie studierte an mehreren Kunstakademien und hatte bereits zahlreiche Ausstellungen. Seit 1973 arbeitet Wenche Øyen für ein Kindermagazin und illustriert Kinder- und Jugendbücher. Heute lebt sie in Nesodden bei Oslo, ist verheiratet und ebenfalls Mutter zweier Kinder.[23]

1988 erhielten Marit Kaldhol und Wenche Øyen für „Abschied von Rune" den deutschen Jugendliteraturpreis.[24] Weitere Auszeichnungen und Preise folgten.

2.2. Inhaltliche Analyse

2.2.1. Inhaltsangabe

Die etwa fünf- bis sechsjährige Sara muss Abschied von ihrem besten Freund Rune nehmen, der beim gemeinsamen Spielen an einem See ertrunken ist. Das Mädchen durchlebt eine tiefe Trauer, in der sie von ihren Eltern und Großeltern, insbesondere aber von ihrer Mutter, liebevoll begleitet wird. Diese beantwortet all ihre Fragen geduldig und sehr einfühlsam. Sie ist bemüht, Sara den Tod behutsam und ehrlich zu erklären und verhilft ihr dazu, glücklich an

---

[19] Vgl. www.ellermann.de/autoren.php3. (Link: H-K; Kaldhol, Marit). (10.10.2006).
[20] ellermann.de/autoren. (Link: H-K; Kaldhol, Marit).
[21] Vgl. W. Øyen/ M. Kaldhol, 1987, S.1.
[22] Vgl. ellermann.de/autoren. (Link: H-K; Kaldhol, Marit).
[23] Vgl. www.ellermann.de/autoren. (Link: Illustratoren; L-O; Oyen, Wencke). (10.10.2006)
[24] Vgl. www.ellermann.de/autoren/auszeichn.php3?ID=10049. (10.10.2006)

Rune zu denken. Sara erlebt, wie Erinnerungen und die Geborgenheit der Familie die Trauer mildern und Trost spenden können.[25]

2.2.2. Realitäts- und Problemgehalt

Der Tod tritt ganz plötzlich und unerwartet in das Leben von Sara. Saras bester Freund, Rune, ertrinkt beim gemeinsamen Spielen am See. Der Vorgang des Ertrinkens wird hier nicht geschildert, da dies Kinder dieser Alterstufe erheblich überfordern würde. Da Sara zum Zeitpunkt des Ertrinkens nicht anwesend ist, wird sie nicht Zeugin dieses Ereignisses. Sie ist nach Hause gelaufen um sich neue Handschuhe zu holen. Als sie zum See zurückkehrt, entdeckt sie Rune *„zwischen den großen Steinen [...]. Rune liegt ganz still – mit dem Gesicht im Wasser.“*[26] Diese Beschreibung, wie auch das zugehörige Bild auf Seite 9, das eben diese Schilderung bildlich darstellt, veranschaulichen das Geschehen realistisch und kindgerecht. Die Ursache (ausschließlich auf Runes Tod bezogen), die Tatsache, die Bedeutung des Todes und dessen Folgen für den menschlichen Körper werden an unterschiedlichen Textstellen, kindgerecht und ohne Beschönigungen dargestellt.

Saras Mutter versucht Sara die möglichen Umstände von Runes Tod zu veranschaulichen und zu erklären. *„Er ist im See ertrunken. Vielleicht ist sein Boot abgetrieben worden, und er hat versucht, es zu erreichen. Dabei ist er vielleicht ausgerutscht und ins Wasser gefallen. Und dann hat er es nicht mehr geschafft, wieder an Land zu kommen.“*[27] Für Sara verständlich und im Rahmen ihrer psychischen Möglichkeiten versucht die Mutter ihr den Tod von Rune klar und ehrlich zu erklären.

Die Tatsache der Leblosigkeit des Todes wird auf kindlichem Niveau veranschaulicht, indem dem Toten Fähigkeiten abgesprochen werden, die Lebenden zugesprochen werden. *„Jetzt ist er tot. Er kann nichts mehr sehen und nichts mehr hören. Er kann nicht mehr gehen oder laufen oder spielen. Er wird Sara nie mehr anlächeln und sie nie mehr umarmen. Rune ist tot.“*[28]

Die Folgen des Todes für den menschlichen Körper und was mit diesem nach dem Tod geschieht, versucht Saras Mutter behutsam und ehrlich zu erklären, indem sie schildert, dass dieser *„zu Erde wird, damit Blumen wachsen können.“*[29] Saras Mutter ist bemüht, den Tod

---

[25] Vgl. W. Øyen/ M. Kaldhol, 1987.
[26] Ebd., S. 9.
[27] Ebd. S. 13.
[28] Ebd.
[29] W. Øyen/ M. Kaldhol, 1987, S. 23.

und die Trauer mit schönen Dingen zu verbinden. Deswegen verbindet sie den Tod mit dem Wachsen von neuem, mit dem Kreislauf aus Werden und Vergehen.

Der Tod und das Ausmaß des Todes werden hier mehrfach ehrlich und kindgerecht veranschaulicht. Die Todesdarstellung ist realistisch dargestellt, wenn auch in einer extremen Form – plötzlicher Tod durch Ertrinken – ausgewählt. In der Realität berichten Zeitungen und Nachrichten, gerade in den Sommermonaten, immer wieder von Schwimm- und Badeunfällen von Kindern mit tödlichem Ausgang.

Der Tod eines Kindes ruft bei ebendiesen viele Fragen hervor, was an späterer Stelle noch deutlich wird. Ihnen wird so die eigene Sterblichkeit bewusst. Sie beziehen den Tod auf ihre Person und Menschen aus ihrem Umfeld.[30] Dieser Aspekt findet in *„Abschied von Rune"* keine Beachtung. Sara bezieht in keiner Phase ihrer Trauer den Tod auf sich oder Personen dir ihr nahe sind. Es ist anzumerken, dass es nicht der Regelfall ist, dass die ersten kindlichen Erfahrungen mit dem Thema Tod den Verlust eines gleichaltrigen Freundes beinhalten. Doch hält sich der Tod so gut wie nie an Regeln. Es kann jeden überall und immer treffen. Dies wird durch den unerwarteten und plötzlichen Tod von Rune deutlich.

Der Tod des sechsjährigen Rune entspricht nicht den regulären gesellschaftlichen, wie auch nicht den kindlichen Vorstellungen des Todes. Dass Kinder sterben, wird in unserer Gesellschaft gerne tabuisiert. Obwohl der Tod von Kindern, verursacht durch Unfälle, Krankheiten und Gewaltverbrechen, schon immer zum gesellschaftlichen Leben dazugehört hat, so handelt es sich um ein Thema, das gemieden werden möchte.

In *„Abschied von Rune"* wird primär Saras Trauer dargestellt. Sie durchlebt in der Geschichte eine tiefe Trauer um ihren verstorbenen Freund Rune. Angst und Panik sind die ersten Gefühle, die Sara heimsuchen als diese Rune im Wasser liegen sieht und er auf ihr Rufen nicht reagiert. Die Gefühle werden auf dem Bild auf Seite 10 gezeigt, welches Saras Gesicht und dessen Ausdruck fokussiert und somit ihre derzeitige Lage hervorhebt. Dieser Schockzustand gehört aber noch nicht zu Saras Trauerprozess, da sie lediglich der Erkenntnis zuzuordnen ist, dass Sara versteht, dass etwas Schlimmes passiert ist. Saras konkrete Trauer um Rune äußert sich erstmalig in einer Art Nicht-Wahrhaben-Wollen und Ungläubigkeit. Sie kann die Tragweite der Situation noch nicht begreifen und realisiert den Tod noch nicht als Endgültigkeit. Es ist ihr unmöglich, zu begreifen, dass sie Rune nie wieder sehen wird. Dies äußert sich in ihrer Frage an die Mutter: *„Sehe ich ihn wirklich nie, nie mehr wieder?"*[31] Ihre

---

[30] Vgl. M. Franz, 2004, S. 115.
[31] W. Øyen/ M. Kaldhol, 1987, S. 13.

11

Mutter begegnet Sara daraufhin mit einer klaren Antwort, die ihrer Tochter die Endgültigkeit des Todes bewusst macht. *„Nein, nie wieder"[32]*, antwortet die Mutter auf diese Frage. Sie lässt keinen Zweifel offen, ob Rune irgendwann einmal zurückkommen wird.

Das Bild auf Seite 14 zeigt Sara alleine auf dem Sofa sitzend kurz vor der Trauerfeier. Ihr Blick wirkt apathisch, traurig, hilflos, ängstlich, unsicher, abwesend und verzweifelt. Das Bild veranschaulicht ihre tiefe Trauer Rune gegenüber. Sie hat zuvor von ihrer Mutter eine Vorbereitung auf die Trauerfeier und die Beerdigung erfahren. Sara weiß, dass Rune *„gewaschen und schön angezogen"[33]* ist und sie *„ihn in einen Sarg gelegt"[34]*haben. Sara hat Informationen über wesentliche und die wichtigsten Merkmale der Trauerfeier erhalten. Diese Vorbereitung, die in der Realität noch etwas tiefgehender vorgenommen werden muss, ist unumgänglich. Diese Vorbereitung soll verhindern, dass Kinder nichts ahnend mit einer schweren Situation wie einer Beerdigung konfrontiert werden. Trotz der Vorbereitung ist es Sara bislang noch nicht möglich, die Situation einzuschätzen, da sie von ihr vollkommen überwältigt und überrascht wird.

Saras Mutter unterstützt ihre Tochter im Trauerprozess mit den Worten, dass Rune *„trotzdem nicht ganz fort"[35]* ist, *„denn wenn wir an ihn denken, können wir ihn ja in uns drin sehen."[36]* Sara gelingt es, Rune in ihren Gedanken weiterleben zu lassen und sich an ihn und die gemeinsame Zeit zurück zu erinnern. *„Sie sieht, dass er lächelt und er ist genauso wie früher."[37]* Verdeutlicht wird der Aspekt der Erinnerung durch die kleinen, runden, schwarz-weißen Bilder, die Saras Gedankenwelt widerspiegeln. Diese Erkenntnis stimmt Sara sehr glücklich, was man daran erkennt, dass sie Runes Schwester Ruth den Rat weitergibt, dass *„sie jetzt nicht mehr ganz so traurig"[38]* sei.

Der Rat der Mutter wird in einer weiteren typischen kindlichen Trauerreaktion sichtbar. Sara flüchtet sich während dieser sie überfordernden Situation in eine andere Welt, in eine Traumwelt. Sie flüchtet aus der unerträglichen, angespannten Atmosphäre der Trauerfeier in eine ihr angenehmere, ruhigere Welt in ihrer Fantasie. *„Sara sitzt ganz still und macht die Augen zu. Sie stellt sich vor, sie könne fliegen, auf und ab in langen ruhigen Kreisen. Es ist ein schönes Gefühl. Um sie herum ist es hellblau."[39]* Ihr ist es nicht möglich, das Geschehen

---

[32] Ebd.
[33] Ebd.
[34] Ebd.
[35] Ebd.
[36] Ebd.
[37] W. Øyen/ M. Kaldhol, 1987, S. 13.
[38] Ebd. S. 17.
[39] Ebd. S. 15.

der Trauerfeier länger auszuhalten, was sie zu dieser Flucht veranlasst. In ihrer Fantasie ist es ihr möglich mit ihrem Freund Rune vereint zu sein, was man auf dem schwarz-weißen Bild auf Seite 15 gut erkennen kann. Es hat den Anschein, als würden beide glücklich vereint entgegen einer Strömung schwimmen. In ihrer Fantasie wird Saras tiefe Sehnsucht nach Rune gestillt. Dieser Schutzmechanismus ist bei Kindern ganz wichtig und kommt auch bei Sara zum Vorschein. Doch kann man dieses Abtauchen in eine Fantasie, in eine Scheinwelt auch als Verdrängungsmechanismus auslegen. Sara ist vermutlich noch nicht bereit, die Realität als solche anzuerkennen, stattdessen verdrängt sie diese.

Die Erwähnung der Farbe „Hellblau" hat hier eine große wesentliche Bedeutung. Zunächst einmal symbolisiert die Farbe Blau Harmonie, Ausgeglichenheit und Freundschaft. Dies unterstreicht, dass Sara in ihrer Fantasie ein *„schönes"* Gefühl erlebt als sie mit Rune wieder vereint ist. „Hellblau" unterstreicht zudem die Ferne ihrer Phantasie. Sara befindet sich fern von dem Geschehen um sie herum.

Saras Schwanken zwischen Nicht-Wahrhaben-Wollen und dem Erkennen der Geschehnisse wird deutlich, weil Sara den Tod noch nicht als definitive Trennung versteht. Sie macht sich Sorgen um Rune und hat Angst um ihn. *„Aber was ist, wenn er nun mal aufwacht und aufstehen will und er kriegt den Deckel vom Sarg nicht auf?"*[40] An dieser Stelle ist es Saras Vater, der sich bemüht, seiner Tochter die Endgültigkeit des Todes verständlich zu machen, indem er ihr antwortet: *„Rune wacht nie mehr auf. [...] Er schläft für immer."*[41] Diese nicht sinnvoll gewählte Formulierung des Vaters unterstützt Sara in dem falschen Glauben, Rune halte einen „ewigen Schlaf.[42] Solch eine Formulierung sollte vermieden werden, da sie den Tod mit dem Schlaf in Verbindung bringt und dies bei Kindern Ängste auslöst, wenn diese abends ins Bett gehen sollen. Sie könnten befürchten, dass sie niemals mehr aufwachen und auch tot sind.

Auch wenn diese Erklärung des Vaters nicht ganz so glücklich gewählt ist, versucht sie dennoch, die Endgültigkeit des Todes zu verdeutlichen, da Sara sie einfach nicht akzeptieren kann. Erst im Laufe der Geschichte ist es Sara möglich die Endgültigkeit zu verstehen. Den ersten Hinweis erhalten wir gegen Ende der Beerdigung als Sara sich endgültig von Rune

---

[40] W. Øyen/ M. Kaldhol, 1987, S. 17.
[41] Ebd.
[42] Vgl. Armbröster-Groh, Elvira: Abschied von Rune – ein Bilderbuch zum Thema „Tod". In: Cromme,
     Gabriele/ Lange, Günter (Hrsg.): Kinder- und Jugendliteratur. Lesen – Verstehen - Vermitteln. Didaktik der
     Kinder- und Jugendliteratur. Band 1. Schneider Verlag, Hohengehren, S. 21.

verabschiedet. *„Als sie sich umdreht und weggeht, fühlt sie einen kleinen nassen Fleck auf der Backe. Das sind Tränen."* [43] Langsam begreift sie, dass sie Rune für immer verloren hat.

Saras Teilnahme an der Trauerfeier und der Beerdigung hat sie, durch Vorbereitung der Mutter, in ihrem Trauerprozess wesentlich voranschreiten lassen. Mit der Unterstützung ihrer Eltern ist es für Sara möglich, diese Rituale, insbesondere die Beerdigung, als letzten Dienst für Rune zu erfahren und sich endgültig von ihm zu verabschieden.

Während der Beerdigung erlebt Sara die Trauer von Runes Familie, sowie die der Dorfgemeinschaft. Das ritualisierte Abschiednehmen lässt Sara die Trauer in der Gemeinschaft erleben, wodurch sie erfährt, dass auch andere Menschen trauern und über Runes Tod bestürzt sind.

Beim ersten Besuch von Runes Grab im Frühling, einige Monate nach dessen Beisetzung, wird Sara von ihrer Trauer plötzlich überwältigt. Sie sagt mit großer Verzweifelung: *„Ich will aber, daß Rune wiederkommt, Mama. Ich hab solche Lust, mit ihm zu spielen!"* [44] Sara fängt an zu weinen und lässt sich von der Mutter trösten. E. Armbröster-Groh bezeichnet Äußerungen wie diese als Rückschläge, die durch Saras gesteigerten Schmerz erkennbar sind. [45] Sara befindet sich ganz plötzlich in einem Gefühlschaos, von dem sie und die Mutter dachten, dass es überstanden sei. Saras Gefühlsausbruch ist ein Zeichen dafür, dass sie die Endgültigkeit des Todes einerseits versteht, ihn aber andererseits nicht akzeptieren kann. Ihre Aussage verweist noch mal auf die Phase des Nicht-Wahrhaben-Wollens. Sie wünscht sich, dass Rune zurück kommt, weiß aber gleichzeitig, dass dieser Wunsch nicht möglich ist.

Die Mutter bestärkt Sara, ihre Gefühle offen auszuleben., indem sie Sara sacht hin und her wiegt, ihr über den Rücken streichelt, sie in den Armen hält und sie weinen lässt. [46] Mit liebevollen Gesten gibt sie Sara die Zeit, die sie braucht, um ihrer Trauer Ausdruck zu verleihen. Dennoch bleibt die Mutter realistisch und verdeutlicht auch hier, dass Rune fort ist, indem sie sagt: *„Rune ist tot und kann nie mehr zu uns kommen. So ist das, Sara"* [47] Vorbildlich ist die Verwendung des Wortes *„tot"* in dem Satz der Mutter.

Es wird deutlich, dass die Trauer einige Zeit braucht, bis man sie bewältigt hat. Selbst nach mehreren Monaten ist es ganz natürlich noch zu trauern. Zudem ist ersichtlich, dass die kindliche Trauer plötzlich und unerwartet auftritt und nicht vorhersehbar ist. So ließ Sara vor dem Besuch auf dem Friedhof keine Anzeichen für einen Gefühlsausbruch erkennen. Ihr

---

[43] W. Øyen/ M. Kaldhol, 1987, S. 19.
[44] W. Øyen/ M. Kaldhol, 1987, S. 25.
[45] Vgl. E. Armbröster-Groh, 2001, S. 21.
[46] Vgl. W. Øyen/ M. Kaldhol, 1987, S. 25f.
[47] Ebd.

Trauerprozess verläuft nicht linear,[48] sondern kennzeichnet sich eher durch eine Unberechenbarkeit und Sprunghaftigkeit.

Saras Verhalten, ihre Fragen und Äußerungen, das Pflücken der Blumen für Rune sowie das Streicheln des Grabsteines und die Tatsache, dass Sara auf dem Heimweg vom Friedhof glücklich an Rune denkt, lassen schlussfolgern, dass Sara nach langer, intensiver Auseinandersetzung die Tatsache der Endgültigkeit des Todes versteht und bereit ist, diese zu akzeptieren.

Saras Trauerverhalten kann eindeutig als typisches kindliches Trauerverhalten gedeutet werden, das durchaus realistisch ist. Ihre Trauer beinhaltet die Phase des Nicht-Wahrhaben-Wollens, die Phase der Phantasie und die des Gefühlschaos, die sich aber unterschiedlich intensiv ausdrücken. In dem Bilderbuch kommt es aber nicht zum Ausbruch aller kindlichen Trauersymptome, da dies eine übertriebene Darstellung des Trauerprozesses wäre.

Schade ist, dass die Schuldgefühle, die Kinder oft in Trauersituationen entwickeln, bei Sara gar nicht erwähnt oder angesprochen werden. Saras Situation ist wie geschaffen für das Auftreten dieser Gefühle, da sie sich die Schuld am Tod Runes geben kann, weil sie zur Zeit des Unglückes nicht am See war. Sara könnte denken, dass sie Rune hätte retten können, wenn sie nicht nach Hause gelaufen wäre. Diese Schuldgefühle finden keinerlei Berücksichtigung im Bilderbuch, was man vielleicht als realitätsfremd und beschönigt auslegen könnte. Andererseits kann man dies auch positiv auslegen, da Kindern dann gar nicht erst der Gedanke zur Verfügung gestellt wird, sie könnten am Tod eines Menschen schuld sein. Wäre die Schuldfrage Bestandteil des Bilderbuches, hätte diese ohne Zweifel ausgeräumt werden müssen.

Saras Prozess vom Wahrnehmen und Verstehen des Todes bis hin zur Akzeptanz der Endgültigkeit ist realistisch dargestellt. Es wurde gut veranschaulicht, dass es vom Wahrnehmen des Todes noch ein langer, trauriger und schwieriger Weg ist, bis der Tod und seine Endgültigkeit vollständig verstanden bzw. akzeptiert werden können. Im Verlauf der Geschichte gelingt es dem Mädchen, den Tod Runes soweit zu verstehen, dass sie ihn schließlich akzeptiert. Ihr ist es möglich, Rune soweit zu verinnerlichen, dass sie am Ende der Erzählung glücklich an ihn denken kann. *„Und während sie nach Hause fahren, denkt Sara an Rune.“*[49] Die im Trauerverlauf Saras angeführten bewussten und unbewussten Hilfen wie die der klaren Antworten, der Möglichkeit, dass Sara ihre Gefühle frei entfalten kann, der Teilnahme an den Ritualen der Trauerfeier und der Beerdigung, der Vorbereitung auf diese,

---

[48] Vgl. E. Armbröster-Groh, 2001, S. 21.
[49] W. Øyen/ M. Kaldhol, 1987, S. 28.

das Erleben der Trauer in der Gemeinschaft sowie der immer hoffnungspendenden, einfühlsamen und gefühlsstarken Begleitung durch die Mutter sind wirklichkeitsnah und sinnvoll gewählt. Sie begegnen der trauernden Sara dort, wo sie sich in ihrer Trauer befindet und entsprechen ihrem kindlichen Trauerverhalten. Dadurch erhalten Kinder, sowie auch Erwachsene eine realistischen Einblick, wie ihnen geholfen werden kann bzw. wie man helfen könnte. Die Bedeutung des sozialen Umfelds wird hier deutlich hervorgehoben, sodass man ermutigt, wird mögliche Hilfen anzunehmen.

Es ist dennoch Sara zuzuschreiben, dass sie die bereits angeführten Hilfen erhält, da sie mit ihren wiederholten Fragen und Äußerungen sowie mit ihrem Verhalten darauf aufmerksam macht, dass sie sich intensiv mit Rune und dessen Tod auseinandersetzt und diesbezüglich auf Hilfe angewiesen ist. Sara verdeutlicht durch ihr Verhalten, dass sie gewillt ist, die ihr angebotene Hilfe anzunehmen. Sie ist die Trauernde, die die Hilfe der anderen nicht verweigert, sondern offenbar nach ihr verlangt. Genau wie im Buch beschrieben ist ein fortlaufendes Hilfsangebot für trauernde Kinder notwendig, da es dem trauernden Kind zeigt, dass es nicht alleine ist und es Menschen gibt, die sich um sein Wohlergehen sorgen.

Die Einordnung von Saras Trauer in die unterschiedlichen Trauerphasen ist nicht eindeutig möglich, was jedoch typisch für die kindliche Trauer ist. Die Ungläubigkeit von Sara bezüglich Runes Todes sowie die Tatsache, dass sie seinen Tod nicht realisieren kann, spiegelt die Phase des Nicht-Wahrhaben-Wollens wider. Die Ausführung des mütterlichen Ratschlages, dass Sara Rune in ihren Gedanken sehen und sogar mit ihm sprechen kann, wenn sie die Augen zu macht und an ihn denkt sowie auch Saras Gefühlszusammenbruch beim ersten Besuch von Runes Grab, gehören zu der Phase des Suchens und Sich-Trennens. Den gerade erwähnten Gefühlszusammenbruch am Grab kann man schon als Vorstufe für die Phase des neuen Selbst- und Weltbezuges werten. Zudem findet diese Phase seinen Ausdruck im Pflücken von Frühlingsblumen und dem Streicheln des Grabes durch Sara. Ein weiteres Indiz für diese Phase der Trauer ist die Tatsache, dass Sara auf dem Weg vom Friedhof nach Hause fähig ist, zufrieden an Rune zu denken.

Nicht erwähnt in der Geschichte werden weit reichende Folgen wie die Alltagsbewältigung Saras ohne Rune, Gewichtsverlust, Depression und Teilnahmslosigkeit. Doch ist ihr Fehlen in der Geschichte durchaus positiv, da Kinder dieses Ausmaß nur schwer begreifen und erfassen könnten. Es wird sich ausschließlich auf das Gefühl der Trauer als direkte Folge auf Runes Tod konzentriert. Saras Trauer durchzieht das gesamte Bilderbuch. Es ist in Text, Bild und Verhalten der Personen zu erkennen. Auch auf die für Erwachsene logische Folge, der Endgültigkeit des Todes von Rune, dass dieser nie mehr zurückkommen wird, wird mehrmals hingewiesen, da diese Folge für Kinder in Saras Alter nur schwer verständlich ist. Die Darstellung der Trauer und der wiederholte Verweis auf die Endgültigkeit sind realitätsnah und hinreichend. Noch genauere Schilderungen und Erklärungen können beim kindlichen Leser Angst und Unsicherheit auslösen.

Sara als trauerndes Kind, die den Tod des besten Freundes verstehen und verarbeiten muss, ist wirklichkeitsnah dargestellt. In der Realität gibt es wahrscheinlich Kinder die bei Trauer die gleichen Verhaltensmuster aufweisen wie Sara, doch können Kinder auch ganz anders trauern. Aus Sicht der Happy-Gesellschaft wird Sara als Trauernde nicht gerne gesehen, da Erwachsene es vermeiden wollen, dass Kinder unglücklich sind oder trauern sollen. An dieser Stelle verschließt die Gesellschaft die Augen vor der Realität. Es ist falsch und unmöglich Kindern diese Erfahrung zu verwehren, da sie ohnehin irgendwann mal damit konfrontiert werden.

Das Weltbild sowie das kindliche Todeskonzept der kleinen Sara befinden sich im Übergang von dem eines Kindergartenkindes zu dem eines Grundschulkindes. Für ersteres spricht, dass Sara den Begriff des Todes noch nicht vollständig erfassen kann, was dazu führt, dass sie wiederholt Fragen stellt, die sich auf die Endgültigkeit des Todes beziehen (S. 13, 17) sowie, die Aussage: *„Er soll wiederkommen und hierbleiben.“*[50]. Des Weiteren geht Sara davon aus, der Tod ist nur ein vorübergehender Zustand. *„Aber was ist, wenn er nun mal aufwacht und aufstehen will und er kriegt den Deckel vom Sarg nicht auf?“*[51] Die Erläuterungen, dass den Toten jegliche Fähigkeiten abgesprochen werden, die Lebenden zugesprochen werden, verweist ebenfalls auf das Todeskonzept eines sechs- bis neunjährigen Kindes. Der Übergang zu einem Weltbild eines Grundschulkindes ist bei Sara erkennbar. Die Ernsthaftigkeit der Situation um Rune wird von Sara richtig eingeschätzt. Es ist ein durchaus realistisches Weltbild bei Sara mit eigenständig durchgeführten Denkoperationen erkennbar. Letzteres bemerkt man, als Sara eigenständig den Entschluss fasst, während der Beerdigung zu Runes Schwester Ruth zu gehen, um dieser Trost zu spenden. Auch in ihrer Ernsthaftigkeit der Trauerfeier, der Beerdigung und des Besuches am Grab gegenüber, sieht man ihren realistischen Weltbezug.

Saras Frage: *„Liegt sein Körper noch da unten?“*[52] verweist auf ihr Interesse an den Äußerlichkeiten des Todes. Sie möchte erfahren, was mit Runes Körper geschehen ist und wo er nun ist. Innerhalb des Bilderbuches vermischen sich die Todeskonzepte der einzelnen

---

[50] W. Øyen/ M. Kaldhol, 1987, S. 25.
[51] Ebd. S. 17.
[52] W. Øyen/ M. Kaldhol, 1987, S. 23.

17

Alterstufen erheblich. Sara zeichnet sich von Beginn an mit kindgerechtem, aber sehr vernünftigen Verhalten aus. Einerseits kann man bei Sara eine gewisse Reife feststellen, andererseits können auch die schwierigen Umstände dieses Verhalten begünstigen.

Das soziale Umfeld entspricht den Bedürfnissen von Sara. Großmutter, Vater und vor allem die Mutter sind sehr bemüht, dem kleinen Mädchen in ihrer Trauer beizustehen und sie zu unterstützen. Der Großvater erhält lediglich die Rolle, Sara schnell zur Großmutter zu bringen und dann nach Rune zu schauen. Den ersten Trost erhält Sara von der Großmutter. Die „*Großmutter streichelt Sara und wiegt sie und versucht, sie zu trösten.*"[53] Sie bemüht sich Sara mit den Worten „*Meine kleine Sara [...] Liebe kleine Sara!*"[54] zu trösten. Sie möchte Sara die Zeit geben, sich den Schmerz und den Schock von der Seele zu weinen, ohne sie mit lästigen Fragen zu überhäufen. Die Großmutter weist mit den liebevollen Gesten und Worten ein besonders einfühlsames Verhalten auf, das in der Situation Saras Bedürfnissen entspricht. Das Bild auf Seite 12 unterstreicht die aktuelle Beziehung der beiden eindrucksvoll und realistisch.

Das Verhalten der Eltern von Sara veranschaulicht ein Verhalten, das in einer solchen Lebenssituation wünschenswert ist. Die Eltern, aber ganz besonders die Mutter, unterstützen ihre Tochter aufmerksam, geduldig und einfühlsam in ihrem Trauerprozess. Sie sind bemüht, die Fragen von Sara klar und ehrlich zu beantworten, ihr zu vermitteln, dass sie nicht alleine mit ihrer Trauer ist und ihr immer die Hilfen anzubieten, die sie benötigt. Für den weiteren Trauerprozess des Mädchens ist es sehr wichtig, dass ihr die uneingeschränkte Unterstützung der Eltern gewiss ist.

Der Vater und die Großmutter übernehmen in der Geschichte eine ähnliche Rolle. Es ist ersichtlich, dass sich dieser Sara ebenfalls annimmt und um ihr Wohlergehen bemüht ist. Er ist ebenfalls wie die Mutter auf der Trauerfeier anwesend und bemüht sich, ihren Fragen gerecht zu werden.

Die Mutter übernimmt aber die Rolle der immer präsenten, einfühlsamen und bemühten Begleit- und Bezugsperson von Sara. Sie übernimmt die Aufgabe, Sara die Umstände von Runes Tod (S. 13), die Tatsache des Todes (S. 13) und dessen Endgültigkeit (S. 13 und S. 25) zu erklären und ihr verständlich zu machen. Sie ist diejenige, die Sara auf die schwierige Situation der Beerdigung vorbereitet (S. 13), ihr die Möglichkeit erklärt, sich an Rune zu erinnern (S. 13) und sie begleitet während der Trauerfeier (S. 15), der Beerdigung (S. 17) und dem ersten Besuch am Grab im Frühling (S. 23). Saras Mutter ist bemüht, ihr immer ehrliche

---

[53] Ebd. S. 11.
[54] Ebd.

und klare Antworten zu geben. Bei ihr findet Sara Liebe, Verständnis, Zuversicht, Hoffnung und Trost. Die Beziehung der beiden steht neben der Beziehung zwischen Sara und Rune, die als Basis der Erzählung dient, im Vordergrund. Saras Mutter ist ein sehr positives Beispiel einer Bezugsperson, da sie Sara Halt und Zuversicht gibt. Mit viel Geduld, liebevoller Zuwendung und Ruhe unterstützt sie ihre Tochter im fortschreitenden Trauerprozess.

Die Bedeutung des sozialen Umfeldes wird im Buch deutlich hervorgehoben. Sara benötigt die Unterstützung ihrer Familie, um den Tod Runes akzeptieren zu können und im Trauerprozess Fortschritte zu machen. Ihre Familie bietet ihr somit eine sichere, fürsorgliche und warme Umgebung.

Es ist zu erwähnen, dass die Fragen, die Sara stellt, für Erwachsene schwer zu beantworten sind. Die meisten Erwachsenen haben nicht wie Saras Mutter eine passende und klare Antwort zur Verfügung. Dies ist in der Geschichte als Musterbeispiel für die elterliche Fürsorge um ein trauerndes Kind zu betrachten. Die Mutter weist wesentliche Voraussetzungen auf, um ihrem Kind ein aufmerksamer Begleiter zu sein. Eltern, die dieses Buch lesen, können sich an Saras Mutter und ihrem Verhalten orientieren, um so besser auf eine Trauersituation vorbereitet zu sein.

Doch kann man auch negatives am Verhalten der Eltern feststellen. Sara erfährt weder vom Vater, noch von der Mutter eine Anteilnahme am Tod des Freundes. Beiden Elternteilen fehlt es an persönlichen Gefühlen hinsichtlich der Umstände. Es ist sehr unwahrscheinlich, dass Saras Eltern nicht um den plötzlich verstorbenen Spielgefährten ihrer Tochter trauern, zumal sie ihn ebenso gut gekannt haben. Sara hat somit kein trauerndes Vorbild, wobei sich dies nicht negativ auf ihren Trauerprozess auswirkt. Ihre Familie, allen voran ihre Mutter, übernehmen ausschließlich die Aufgabe, Sara einfühlsam und behutsam zu unterstützen.

Neben den Reaktionen von Saras direktem Umfeld, ist die Trauer von Runes Familie und die der Dorfgemeinschaft dargestellt. Runes Eltern halten sich während der Beerdigung „[...] fest in den Armen und weinen.“[55] Ihre Körper zittern. Ruth, die ältere Schwester von Rune, „steht dicht bei ihnen und hält sich an ihnen fest. Sie weint auch, sie weint und weint.“[56] Die Trauer von Runes Familie und ihre Gefühle findet ausschließlich Ausdruck in Gesten, die auf dem Bild auf Seite 18 deutlich werden. Es lässt sich erkennen, wie sich Runes Eltern aneinander klammern, wie sie gemeinsam trauern und Trost spenden. Die zuerst recht oberflächliche Darstellung ist dennoch als realistisch und ausreichend einzuschätzen. Es ist darauf hinzuweisen, dass diese Darstellung nicht repräsentativ ist. In diesem Bilderbuch werden auf

---

[55] W. Øyen/ M. Kaldhol, 1987, S. 17.
[56] Ebd.

extreme, aber realistische Verhaltensweisen der Trauernden wie das Rufen des Toten und das Zusammenbrechen der Eltern oder Schwester verzichtet. Die Schilderung dieser Extreme würde Angst beim kindlichen Leser erzeugen. Die Trauer der Dorfgemeinschaft drückt sich im Tragen von dunkler Kleidung aus. Dies wird auf den Bildern der Trauerfeier (S. 16) und der Beerdigung (S. 18 und 20) deutlich.

Die dargestellte Trauer von Runes Eltern, ihrer Tochter und der Trauer der Dorfgemeinschaft können als Ausgleich für die fehlende gefühlsmäßige Anteilnahme von Saras Eltern fungieren. Diese Anteilnahme würde die Grenzen des Bilderbuches übersteigen und womöglich Saras Trauer in den Hintergrund drängen. Somit steht Saras Trauer im Mittelpunkt der Geschichte.

Das zentralste Gefühl, das diese Erzählung beinhaltet und das sich durch diese wie ein roter Faden hindurch zieht, ist das Gefühl der Trauer. Neben diesem findet ausschließlich das Gefühl der Angst noch direkt Benennung (S. 11). Weitere Gefühle müssen durch den Leser und Betrachter anhand der Bilder sowie der Schilderungen des Verhaltens und der Äußerungen von Sara und den anderen auftretenden Personen erschlossen werden. Es wird deutlich, dass sich das Hauptaugenmerk des Lesers auf das Gefühl der Trauer konzentrieren soll, da jedes interpretierte Gefühl wieder dem der Trauer unterzuordnen ist. Zum einen ist es nicht sinnvoll, dass nur das Gefühl der Trauer bei Sara beschrieben wird. Somit erfährt der kindliche Leser nicht eindeutig, dass es eine Vielzahl an Gefühlen gibt, die bei der Trauer um einen Verstorbenen zu bewältigen sind. Zum anderen ist es sinnvoll gewählt, das Hauptaugenmerk auf das Gefühl der Trauer zu fokussieren, da das lesende Kind nicht mit einer Fülle an Gefühlen überfordert wird. Es wird ihm aber zugleich die Gelegenheit geboten, unzählige Gefühle in Text und Bild hinein zu interpretieren.

Die Darstellung der Trauerfeier und der Beerdigung sind wirklichkeitsnah zu bewerten und veranschaulichen durchaus christliche Elemente. Die in dem Buch recht oberflächlich dargestellten ritualisierten und christlichen Handlungen können nach Bedarf vertieft werden. Weitere christliche Elemente werden nicht berücksichtigt. Die Trauerfeier wird anhand des Pfarrers, der zu den Menschen spricht und für den Verstorbenen betet und durch die Musik der Orgel festgemacht. Dies entspricht in jeglicher Hinsicht der Realität.

Die Schilderungen der Beerdigung gelten ebenfalls als sehr realistisch. Männer tragen den Sarg Richtung Grab während die Trauernden diesem folgen. Danach wird der Sarg in die Erde hinuntergelassen, der Pfarrer spricht einige Worte und wirft anschließend mit einer kleinen Schaufel Erde auf den Sarg.

Das Ende hinterlässt den Leser mit einem positiven Gefühl des Trostes und der Hoffnung. Zuversichtlich weiß er, dass Sara mit der Hilfe ihrer Mutter den Tod Runes vollständig verarbeiten wird und er stets als innerer Begleiter an ihrer Seite sein wird. Sara verlässt zusammen mit ihrer Mutter den Friedhof und scheint gestärkt der Zukunft ohne ihren besten Freund entgegen zu treten.

Der Inhalt des Bilderbuches beschäftigt sich eindeutig mit der Thematik „Tod und Trauer". Trotzdem sind weitere Themengebiete wie Freundschaft, Familie, insbesondere Mutter-Tochterbeziehung vorhanden. „Freundschaft" und „Familie" stehen hier mit der eigentlichen Thematik in Verbindung. Ihre Bedeutung wird im Zusammenhang mit „Tod und Trauer" herausgestellt. Zu Beginn der Geschichte erhält der Leser einen Einblick in die Freundschaft und den Alltag von Rune und Sara. Es wird deutlich, wie beide miteinander umgehen, ihren Alltag miteinander verbringen und sogar schon ihre Zukunft geplant haben. Die enge Freundschaft zwischen Sara und Rune ist der Grund ihrer tiefen Trauer. Der Tod Runes hebt die Bedeutung der Familie hervor. Diese wird in Bezug auf Saras Trauerprozess eine wesentliche Rolle im Fortschreiten ihrer Trauer zuteil. Die Familie fungiert als „Auffangnetz".

„Abschied von Rune" kann unterschiedliche Ziele verfolgen. Zum einen kann es dazu dienen, Kindern die Thematik Tod und Trauer zu verdeutlichen. Es kann Kindern, die noch nie mit dem Tod konfrontiert wurden eine große Hilfe sein. Zum anderen kann dieses Bilderbuch als Vorbereitung auf einen bevorstehenden Tod dienen. Es eröffnet unzählige Gesprächsanlässe, die sinnvoll genutzt werden können, um den Kindern die Angst vor dem Tod zu nehmen und zu verhindern, dass Kinder von so einem schrecklichen Ereignis überrannt werden. Darüber hinaus kann *„Abschied von Rune"* als nachhaltige Hilfe zur Trauerbewältigung genutzt werden. Es ist möglich, dass sich ein trauerndes Kind mit Sara und ihrem Schicksalsschlag identifiziert. Es kann Gefühle entdecken, die es selbst erlebt hat oder gerade noch durchlebt. An verschiedenen Stellen im Buch kann das Kind Situationen wie die Trauerfeier, die Beerdigung, die Trauer anderer und die eigene Trauer wieder erkennen. Das Kind erfährt so, dass es nicht alleine ist mit seiner Situation, sondern es noch andere Menschen gibt, die gleiche Situationen meistern müssen. *„Abschied von Rune"* kann einem trauernden Kind durchaus helfen, in seinem Trauerprozess fortzuschreiten.

Voraussetzung für das Erreichen der unterschiedlichen Ziele der Trauerbewältigung ist die stetige Begleitung eines aufmerksamen und einfühlsamen Erwachsenen, der bereit ist, sich mit dem trauernden Kind und der Thematik intensiv auseinander zu setzen.

Wie bereits angedeutet, beinhaltet „Abschied von Rune" einen hohen Aufforderungsgrad zur Identifikation. Das Kind kann sich mit mehreren Aspekten und Verhaltensweisen vergleichen. Hervorzuheben ist natürlich die Identifikation mit der Protagonistin. Obwohl es sich um ein Mädchen handelt, besteht auch für die Jungen die Möglichkeit sich mit Sara zu identifizieren, da es sich um eine Thematik handelt, die beide Geschlechter gleich berührt. Zudem weist Sara in ihrem Verhalten während der Trauer keine typisch weiblichen Charakteristika auf. Weitere Möglichkeiten zur Identifikation bestehen in den einzelnen Beziehungen Saras, wie die zwischen ihr und Rune, als Beispiel für eine enge Freundschaft sowie die Beziehung zur Mutter als Beispiel für eine liebevolle Mutter-Tochterbeziehung. Die Großeltern und der Vater bieten nur geringe Identifikationsmöglichkeiten, da sie im Buch zu selten in Erscheinung treten. Jedoch lassen auch diese Beziehungen auf ein gutes, liebevolles Verhältnis schließen.

Das Bilderbuch ermutigt den kindlichen Leser zum Ausleben seiner Gefühle und zum Fragenstellen. Zudem wird verdeutlicht, dass dem kindlichen Leser nur geholfen werden kann, wenn er Hilfe zulässt.

Dem Kind wird ein positives Selbstwertgefühl vermittelt, indem deutlich wird, dass die Gefühle zeigen, zu weinen und traurig zu sein, durchaus natürlich und normal ist und niemand sich deshalb schämen braucht. Neben dem positiven Selbstwertgefühl erfährt der Leser ebenfalls eine Stärkung seines Selbstbewusstseins. Da Sara ausschließlich positive Resonanz für ihr Verhalten bekommt, wird der kindliche Leser dazu ermutigt, seine Gefühle auszuleben, auch unbequem erscheinende Fragen zu stellen und angebotene Hilfe anzunehmen. Gleichzeitig erfährt er, dass dieses Verhalten überhaupt nichts mit Schwächen zu tun hat, sondern viel mehr den Stärken eines selbstbewussten Menschen entspricht. Dieser Aspekt kann nur mit einer aufmerksamen Begleitung erarbeitet werden, da er nicht direkt ersichtlich ist.

2.3. Stilanalyse

2.3.1. Äußere Aufmachung

Das gebundene Bilderbuch „Abschied von Rune" beschränkt sich auf 30 Seiten samt Titel- und Rückseite in einem Format von 26,8 x 21,1 cm. Die einzelnen Seiten verfügen über keine Seitenzahlen. Diese sind eigenständig durchzunummerieren.

Die Titelseite zeigt ein Bild der beiden Freunde. Rune steht leicht im Vordergrund und gibt Sara einen Kuss auf die Wange. Es werden ausschließlich ihre Oberkörper abgebildet. Sara, die einen grünen Pullover und scheinbar rote Handschuhe trägt, dreht ihren Kopf Richtung Betrachter, ohne diesen aber anzusehen. Rune, der einen rot-orangen Pullover und graue Handschuhe trägt, hat seine Hände auf Saras Schultern und gibt ihr einen Kuss auf ihre linke Wange. Der Hintergrund ist verschwommen und in unterschiedlichen Grüntönen dargestellt. In Anlehnung an den Inhalt des Bilderbuches scheinen sie sich an dem See zu befinden, an dem Rune später ertrinkt. Die hervorgehobene Darstellung der beiden Freunde in auffälligen Farben unterstreicht die Bedeutung ihrer Rollen und hebt ihre Freundschaft hervor. Das Bild hat wesentlichen Bezug zum Inhalt des Bilderbuches, da das Titelbild mit der Schilderung auf Seite 7 „Rune legt seine Arme um Sara und gibt ihr ganz schnell einen Kuss auf die Backe."[57] erläutert wird. Das Titelbild und das Bild auf Seite 7 stellen dieselbe Textpassage unterschiedlich, jedoch auf ähnliche Art und Weise dar. Das Titelbild bedeckt aber nicht die ganze Titelseite, sondern wird von einem grauen Rahmen (variiert zwischen 3,8 bis 4,8 cm) eingeschlossen. Oberhalb des Bildes ist in großen weißen Buchstaben der Titel des Buches „Abschied von Rune" abgedruckt. Unterhalb des Bildes befinden sich in deutlich kleinerer Schriftgröße die Namen der Autorin und Illustratorin sowie der Name des Verlages. Rechts neben diesen deutet ein Verweis auf die Auszeichnung mit dem deutschen Jugendliteraturpreis aus dem Jahre 1988 für Bilderbücher hin. Die Gestaltung der Titelseite ist gelungen, da sie die triste, traurige Atmosphäre des Inhaltes gut widerspiegelt. Doch kann man hier überlegen, ob statt der grauen Umrandung nicht vielleicht eine schwarze Umrandung besser passen würde. Die Farbe Schwarz würde einen stärkeren Kontrast zwischen Titelbild und Umrandung erzeugen. Der Aspekt des Todes würde stärker hervorgehoben werden, und das Bilderbuch würde so mehr auffallen. Mit dem Aufdruck des Jugendliteraturpreises fühlen sich Erwachsene versichert, mit diesem Buch eine gute Wahl getroffen zu haben.

---

[57] W. Øyen/ M. Kaldhol, 1987, S. 7.

Die Rückseite des Buches ist in dem gleichen Farbton gehalten wie die Titelseite. Zudem verweist ein kurzer zweisätziger Kommentar von Uta Kirchner auf den Inhalt des Bilderbuches. Es folgt ein Hinweis auf weitere Auszeichnungen des Buches. Der Verlag wird unten links noch einmal erwähnt.

Ein Klappentext ist weder vorne noch hinten vorhanden. Anstelle dessen sind die ersten und die letzten Seiten des Werkes in schlichtem Rosa gehalten. Nachdem auf den Seiten 3 und 4 Literaturangaben sowie der Titel des Buches mit den dazugehörigen Namen aufgeführt sind, beginnt mit Seite 5 die eigentliche Erzählung.

Das Schriftbild und die Schriftgröße sind kindgerecht. Die einzelnen Textseiten sind aufgrund der gewählten Schriftgröße von 14 Punkt, dem eineinhalbfachen Zeilenabstand und der Wahl von Textleisten außerhalb der Bilder übersichtlich gestaltet. Aufgrund dieser Formen sowie der Zeilenlänge, die maximal zwei Drittel der Seitenbreite einnimmt und es somit ermöglicht, dass jede Textseite auch ein Bild erhält, wirken die Seiten auf Kinder besonders attraktiv.

Ohne das Titelbild enthält das Buch vierundzwanzig Bilder unterschiedlicher Größe. Es beinhaltet dreizehn ganzseitige Bilder mit einem gleichmäßigen weißen Rand. Elf von diesen befinden sich jeweils auf den rechten Bilderbuchseiten. Zudem gibt es elf Textseiten, die jeweils ein halbseitiges oder ein kleines rundes Bild enthalten. Das Bilderbuch weist eine stringente Text-Bild-Folge auf, wobei sich auf der linken Bilderbuchseite die Textseiten befinden und auf der rechten Seite die Bilder.

Kapitelüberschriften sind in dem Buch nicht vorhanden, obwohl man mögliche Kapitel einteilen könnte. „Eine schöne Freundschaft" (S. 5-8), „Das Unglück" (S. 9-12), „Rune ist tot" (S. 13/14), „Die Trauerfeier" (S. 15/16), Abschiednehmen auf der Beerdigung" (S. 17-20), „Winterzeit – Trauerzeit" (S. 21/22), „Frühling – Sara besucht Runes Grab" (S. 23/24), und „Tschüss Rune" (S. 25-28). Es ist jedoch schwierig, eine geeignete Unterteilung in einzelne Kapitel vorzunehmen. Eine Unterteilung wäre zudem nicht sinnvoll, da sie den Leser zu sehr vom Hauptgeschehen ablenken würden. Den Weg, den er sich gedanklich selbst erschließen soll, würde ihm aufgrund der Kapitelüberschriften vorgegeben werden.

Der Preis des Bilderbuches beträgt 12 Euro, was für ein gutes Bilderbuch ein ganz gerechtfertigter Preis ist. Dennoch würde ich diesen Preis nicht als günstig bewerten. Dieses Bilderbuch sollte nur mit dem Wissen der Eltern einem Kind gekauft oder geschenkt werden, da diese automatisch die Funktion des Begleiters und somit die Aufgabe des Aufarbeitens und Erklärens übernehmen.

2.3.2. Bildanalyse

Bild und Text sind in „*Abschied von Rune*" nicht fortlaufend gleichwertig zu betrachten. Dies wird bereits durch die Bild-Text Anteile augenscheinlich, da sie natürlich denen eines Bilderbuches entsprechen. Die Bilder überwiegen eindeutig. Text und Bild stehen sich zunächst scheinbar ausschließlich in Bezug auf die ganz- und halbseitigen Bilder gleichwertig gegenüber. Sie erklären sich gegenseitig und können nicht aufeinander verzichten. Diese Bilder entsprechen in jeglicher Hinsicht den Schilderungen des Textes und führen somit die Handlung weiter.[58] Die kleinen runden Bilder fallen erst bei zweiter Betrachtung auf, da sie keine Betrachtung im Text finden. Ihre Bedeutung muss zunächst interpretiert werden, bevor ihre Berücksichtigung im Text auf einer anderen Ebene erkennbar wird. Diese Ebene der Bilder, die im Text scheinbar nur angedeutet wird, erschließt sich dem Betrachter erst nach intensiver Auseinandersetzung mit der Thematik. Es zeigt sich, dass die kleinen runden Bilder den Text um die Gedankenwelt Saras ergänzen. In ihnen drücken sich Saras Erinnerungen, Vorstellungen, Gedanken und Wünsche aus.[59] Die kleinen Bilder treten erst auf, als Sara den Ernst der Lage um Rune realisiert. Sie enden mit Saras endgültiger Akzeptanz des Todes von Rune.

Das Zusammenwirken der ganz- und halbseitigen Bilder mit den kleinen, runden Bildern verbindet laut E. Armbröster-Groh die Innen- und die Außensicht der Erzählung.[60]

Der Malstil der Bilder ist der gleiche. Es handelt sich durchgängig um Aquarellbilder mit teils kaum vorhandenen weichen Konturen, wobei neben der Pinsel- bzw. Schwammtechnik vermutlich auch Stifte eingesetzt wurden, um Details klar darzustellen.[61]

Die Hintergründe der farbigen halb- und ganzseitigen Bilder sind stets verschwommen dargestellt, jedoch lassen sich diese erahnen und ergeben sich aus dem Textzusammenhang. Durch die verschwommene Darstellung des Hintergrundes wird eine Fokussierung der wichtigen Bildelemente erreicht. Somit wird der Leser nicht von dem Kern der Erzählung abgelenkt. Wenn man die Gesichtszüge der einzelnen Personen vergleicht, stellt man fest, dass nur Sara sehr detailliert gezeichnet wurde. Dort, wo es an Präzision fehlt, erhält der Betrachter das Angebot, eigene Gedanken und Interpretationsansätze zu entwickeln.

Die kleinen runden Bilder sind mit schwarzen und weißen Aquarellfarben gemalt. Die Schwarzweißgebung dieser Bilder hebt Saras Traurigkeit hervor, da beides Farben der Trauer

---

[58] Vgl. E. Armbröster-Groh, 2001, S. 23.
[59] Vgl. Ebd.
[60] Ebd.
[61] Ebd.

sind. Die schwarzweißen Darstellungen unterstreichen, dass Runes Leben nun zu Ende ist, während Sara einen neuen Anfang ohne ihn machen muss.

Hintergründe lassen sich auf diesen Bildern überhaupt nicht erkennen. Es stehen nur die dargestellten Personen aus Saras Gedankenwelt im Vordergrund. Einige sind in ihrer Ganzheit verschwommen gezeichnet, in anderen sind ausschließlich die Gesichtszüge detailgetreu gemalt oder die ganzen Oberkörper gezeigt.

Die größeren Bilder, die halb- oder ganzseitig im Bilderbuch sind, wurden in Pastelltönen gemalt. Die Verwendung von Pastellfarben und weichen Konturen entspricht der Atmosphäre, die im Text geschildert wird und bei solch einer Thematik vorherrschend ist. Die Farben drücken hauptsächlich Wärme und Ruhe aus. Beides benötigen Trauernde, um in ihrem Trauerprozess fortzuschreiten. Kräftige, schillernde Farben und scharfe Konturen würden den Leser vielleicht verunsichern und die ganze Thematik unglaubwürdig erscheinen lassen. Die Farbwahl orientiert sich entsprechend der geschilderten Geschehnisse im Text nach jedem Bild neu. Kalte beängstigende Bilder werden von warmen, tröstenden Bildern abgelöst.

An dieser Stelle sei auf E. Armbröster-Grohs Aussage hingewiesen, die behauptet: *„Der Einsatz der Farben unterstützt expressiv die inhaltliche Aussage. Nach anfänglich eher heiteren Tönen verdüstern sich die Bilder bis zur Beerdigungsszene immer mehr, um auf der dann folgenden, ganz in Schwarz-Weiß konzipierten Doppelseite ein Maximum zu erreichen. [...] Gegen Ende der Geschichte wird die düstere Atmosphäre allmählich aufgehoben. Als Sara im Frühling gemeinsam mit der Mutter Runes Grab besucht, signalisieren helle Pastelltöne eine mögliche Überwindung ihres Kummers. Die kontrastive Farbgebung unterstreicht die dialektische Grundaussage des Buches: Rune ist tot und lebt dennoch in der Erinnerung weiter."*[62] Diese Behauptung ist zu einfach. Sie lässt unberücksichtigt, dass wie soeben verdeutlicht, kalte, beängstigende Bilder von warmen, tröstenden Bildern abgelöst werden. Ihre Aussage müsste diesen Aspekt berücksichtigen, dann wäre sie vollständig.

Die beiden Bilder auf den Seiten 21 und 22 sind die einzigen ganzseitigen Bilder, die mit schwarzen und weißen Aquarellen gemalt sind. Sie wirken kalt und einsam. Ihre Farbgestaltung unterstreicht die schwierige und traurige Zeit, die Sara durchleben muss.

Die beiden Bilder verdeutlichen den Winter mit seiner Kälte und Einsamkeit. Man kann den Winter auch als Übergangsphase zum Frühling deuten. Die Schilderungen im Text sind unterbrochen, was darauf hindeuten lässt, dass auch Sara eine Art Pause einlegt. In dieser Zeit wird sie Rune nicht auf dem Friedhof besuchen. Sie benötigt die Winterzeit, um von dem tragischen Ereignis Abstand zu gewinnen, es zu verarbeiten und ihr Leben wieder zu leben.

---

[62] E. Armbröster-Groh, 2001, S. 23f.

Die dargestellte Winterzeit ist ein besonderes Interpretationsangebot an den Betrachter. Dieser kann nun Überlegungen hinsichtlich Saras Leben, ihres Trauerprozesses, ihrer Gefühle, ihrer Gedanken und Wünsche anstellen.

Das Bild des Frühlings (S. 24), dass Sara und ihre Mutter auf dem Friedhof zeigt, wie sie Runes Grab besuchen, löst die triste Atmosphäre des Winters mit hellen und warmen Farben ab. Die Farben Blau, Weiß und Grün, die dieses Bild prägen, vermitteln einen positiven Eindruck, der vermuten lässt, dass Sara einer möglichen Überwindung ihrer Trauer nahe ist.[63] Die vielseitigen Bilder stellen unterschiedlichste Momente dar. Viele der Bilder sind selbsterklärend, die anderen werden durch den Text verdeutlicht. Ich möchte an dieser Stelle nicht jedes einzelne Bild analysieren, weil es den Rahmen dieser Arbeit sprengen würde. Es sei nur so viel gesagt, dass die Bilder durch ihre Gestaltung eine enorme Ausdruckskraft besitzen. Aufgrund des gewählten Stils, der Farbgestaltung und der Darstellung von Gesichtszügen sind Atmosphären und Gefühle gut erkennbar.

Die Bilder sind für die Darstellung einer solchen Thematik passend gewählt. Sie stellen das Wesentliche detailliert dar, lassen dem Betrachter trotzdem unzählige Möglichkeiten zur eigenen Vorstellung und Interpretation.

2.3.3. Sprache

Die in „Abschied von Rune" verwendete kindgerechte Sprache motiviert das Kind zum Lesen. Die Sprache ist teilweise sehr einfach gewählt, wie „herübergetrabt, Backe, pitschnass, Mama, Papa, Holzkiste, klettert,, spielen, schlendern."[64] Diese und andere Worte stammen überwiegend aus dem kindlichen Erfahrungsraum und Sprachgebrauch. Lautmalende Worte, wie „pitschnass"[65] und metaphorische Worte wie „Menschenschlange"[66] sprechen laut E. Armbröster-Groh zudem die kindliche Auffassungsgabe an.[67] Wortwiederholungen, wie „In den Armen der Großmutter fängt Sara an zu weinen. Sie weint und weint. Das Weinen kommt tief aus ihrem Bauch heraus"[68] verweisen den kindlichen Leser auf die vorherrschende Gefühlslage Saras und lassen Personen und Sprache zu einer Einheit werden.[69]

---

[63] Vgl. E. Armbröster-Groh, 2001, S. 24.
[64] W. Øyen/ M. Kaldhol, 1987, S. 6, 7, 11, 13, 23, 25.
[65] Ebd. S. 7.
[66] Ebd: S. 17.
[67] Vgl. E. Armbröster-Groh, 2001, S. 23.
[68] W. Øyen/ M. Kaldhol, 1987, S. 11.
[69] Vgl. E. Armbröster-Groh, 2001, S. 23.

Die Sprache ist auch durch zahlreiche kindgerechte Situationsbeschreibungen bestimmt, wie *„Rune liegt ganz still – mit dem Gesicht im Wasser. Es sieht aus, als ob er etwas sehen wollte auf dem Grund des Sees.", „Das Weinen kommt tief aus ihrem Bauch heraus.", „Zwischen den vielen Gräbern ist ein Loch in der Erde. In das lassen die beiden Männer vorsichtig Runes Sarg hinunter."* und *„Sie fühlt einen Kloß im Hals. Und ihre Stimme zittert."*[70] Auf kindlichem Niveau, ihrem sprachlichem Entwicklungsstand entsprechend, werden Kindern die Aspekte der Thematik „Tod und Trauer" verständlich gemacht. Zu der kindgerechten Sprache tauchen in dem Text realistische, dem Alter entsprechende Kinderfragen und Aussagen auf, wie *„Sehe ich ihn wirklich nie, nie mehr wieder?", Aber was ist, wenn er nun mal aufwacht und aufstehen will und er kriegt den Deckel vom Sarg nicht auf?", Liegt sein Körper noch da unten?"*[71] Diese Fragen und Äußerungen von Sara sprechen den kindlichen Leser an, sie integrieren ihn in die Erzählung und sprechen ihm womöglich aus dem Herzen.

Mit leichter, gut verständlicher Sprache und der Vermeidung von komplizierten Begrifflichkeiten werden die Aspekte des Todes anschaulich zugänglich gemacht. *„Der Sarg ist eine Holzkiste mit einem Deckel darauf, gerade so lang, dass Rune hineinpasst."*[72] Unverständliche Begriffe wie „Talar", die dem Kind höchstwahrscheinlich unbekannt sind, können anhand der Bilder eigenständig erschlossen werden. Zudem besteht die Möglichkeit, den begleitenden Erwachsenen nach der Bedeutung des Begriffes zu fragen. Da schwer verständliche Begriffe wie dieser in dem Bilderbuch selten vorkommen, ist dies nicht zu kritisieren.

Die konkrete und umschreibende Sprache wird von den dargestellten Bildern wesentlich unterstützt, da die Schilderungen im Text meistens durch die Bilder zusätzlich verdeutlicht werden.

Die Sprache wirkt liebevoll, einfühlsam und ehrlich, schön und zugleich traurig, realistisch aber nicht zu detailliert, nicht Angst erzeugend, aber auch nicht beschönigend und verschleiernd.

Anhand einer Vielzahl von Darstellungen, insbesondere von Saras Verhalten und Reaktionen, wird Betroffenheit beim Leser erzeugt. Beschreibungen wie *„Auf Wiedersehen, Rune, flüstert Sara zu ihm hinunter. Als sie sich umdreht und weggeht, fühlt sie einen kleinen nassen Fleck auf der Backe. Das sind Tränen."*[73] unterstreichen dies. Er fühlt sich von ihrem Schicksal angesprochen und taucht in die Geschichte ein. Sichtbar und konkret benannt wird das Gefühl

---

[70] W. Øyen/ M. Kaldhol, 1987, S. 9, 11, 17, 25.
[71] Ebd. S. 13, 17, 23.
[72] W. Øyen/ M. Kaldhol, 1987, S. 13.
[73] Ebd. S. 19.

der Trauer in Saras Beobachtungen von Runes Familie auf der Beerdigung. Sie beobachtet, dass diese sich „*fest in den Armen*"[74] halten „*und weinen. Sara sieht das an ihren zitternden Körpern. Wie traurig sie sind!*"[75] Sprachlich wird die ganze Zeit auf die Trauer aufmerksam gemacht. Auf das primäre Gefühl der Trauer wird durch zahlreiche Beschreibungen von Trauernden und deren Verhaltensmerkmalen, von gegenständlichen Mitteln und aufgrund Saras sprachlicher Äußerungen verwiesen.

Die im Bilderbuch verwendete Sprache eignet sich besonders gut für die Vermittlung der Realität von „Tod und Trauer". Sie entspricht dem Alter der Leserschaft, indem sie die Tatsachen des Todes, dessen Umstände, Folgen, Ausmaße und Endgültigkeit sowie die Trauer und deren Bewältigungsprozess angemessen schildert und vermittelt. Langatmige und ausführliche Beschreibungen sind aus dem Grund weggelassen worden, um den kindlichen Leser womöglich nicht zu überfordern und den Rahmen des Bilderbuches nicht zu übersteigen. Stattdessen werden Situationen und Handlungen kurz und präzise beschrieben. „Tod und Trauer" werden stets beim Namen genannt, was an mehreren Textstellen deutlich wird. „*Wie traurig sie sind*"[76] und „*Rune ist tot [...]*"[77] verdeutlichen diesen Aspekt.

Die Sprache entspricht einer konkreten Beschreibung mehrerer aufeinander folgender Tatsachen und Handlungen, die durch direkte Rede unterbrochen werden. Aufgrund der direkten Rede erhält der Leser die Gelegenheit, sich direkt angesprochen und in die Erzählung integriert zu fühlen. Es liegt am Leser, ob er dieses Angebot wahrnimmt oder nicht.

Die kindgerechte Sprache zielt auf eine Mischung von Aufklärung, Emotionen und Anregungen zur Nachdenklichkeit ab. Sie ist bemüht mit klaren Beschreibungen, wie der Schilderung der Trauerfeier, mit den Worten „*Alle haben dunkle Kleider an [...]. Der Sarg steht vor dem Altar. Obendrauf liegen Kränze und Blumensträuße von all den Menschen, die Rune gern gehabt haben. [...] Der Pfarrer kommt in seinem schwarzen Talar herein. Er spricht zu den Menschen in der Kirche und betet. Dann singen die Erwachsenen ein langsames Lied.*"[78] das Kind mit einer problembehafteten Thematik vertraut zu machen. Weitere Emotionen und Gefühle werden nicht konkret benannt, ausgenommen das Gefühl der Angst auf Seite 11.

Einerseits kann kritisiert werden, dass keine weiteren Gefühle außer der Trauer berücksichtigt wurden, andererseits ist es sinnvoll, sich auf das Gefühl der Trauer zu konzentrieren, damit

---

[74] Ebd. S. 17.
[75] Ebd.
[76] W. Øyen/ M. Kaldhol, 1987, S. 17.
[77] Ebd. S. 25.
[78] Ebd. S. 15.

das lesende Kind sich ganz auf dieses und deren Ausdrucksmöglichkeiten einlassen kann. Eine Erwähnung weiterer Gefühle wie Ohnmacht, Wut oder Verzweifelung wäre dennoch wünschenswert.

Kindern wird die Gelegenheit geboten, sich unbefangen mit dem Tod und der Trauer auseinander zu setzen, indem sie Gesprächsanlässe nutzen und Fragen stellen können. Zahlreiche Gesprächsanlässe ergeben sich aus Text und Bild.

Der Tod wird sprachlich differenziert und realistisch dargestellt. Die mögliche Ursache für Runes Tod, die Tatsache des Todes und dessen Bedeutung für den Körper werden differenziert voneinander vermittelt. Einige Aspekte des Todes erfolgen anhand von Beschreibungen, andere anhand der direkten Rede der Mutter von Sara. Die wiederholte Verwendung des Wortes „Tot" unterstreicht die Bedeutung der Tatsache, dass es sinnvoll und notwendig ist, den Tod beim Namen zu nennen. Es unterstützt durchaus den Prozess zum Verstehen der Endgültigkeit, wie auch den im Fortschreiten der Trauer.

Sara und der Leser sollen keinen Zweifel daran haben, dass Rune nie mehr zurückkommen wird. Das Wort „nie" macht den Tod endgültig.

Zwei Äußerungen der Eltern müssen in diesem Zusammenhang kritisiert werden. Saras Vater antwortet während der Beerdigung auf ihre Frage: „Aber was ist, wenn er nun mal aufwacht und aufstehen will und er kriegt den Deckel vom Sarg nicht auf?"[79] mit den Worten: „Rune wacht nie mehr auf [...]. Er schläft für immer."[80] Saras Vater antwortet ihr unmittelbar ohne über ihre Frage nachzudenken. Er benutzt in diesem Zusammenhang die Worte „schlafen" und „nicht aufwachen". Diese Antwort entspricht zwar Saras Frage, ist jedoch äußerst ungünstig gewählt. Ein Hinweis darauf, dass Rune tot ist und nicht schläft, wäre die bessere Antwort gewesen. Der Tod und der Schlaf sollten nicht in Verbindung gebracht werden, da dies Kinder Angst machen kann, wenn sie abends ins Bett gehen. Sie würden den Tod missverstehen. Der zweite Kritikpunkt bezieht sich auf die Aussage der Mutter: „Runes Körper wird nun zu Erde, damit Blumen wachsen können"[81]. Diese Aussage soll Sara Trost spenden und entspricht irgendwie auch der Realität, doch kann sie für Kinder durchaus schwer nachvollziehbar sein, da ihr Vorstellungsvermögen dafür noch nicht ausreicht. Kindern fällt es schwer zu begreifen, dass Menschen zu Erde werden können.

Insgesamt wird eine für die Thematik und zugleich dem Alter entsprechende, typisierende Begrifflichkeit gewählt, die „Tod und Trauer" konkret benennt und erläutert. Die Einführung

---

[79] W. Øyen/ M. Kaldhol, 1987, S. 17.
[80] Ebd.
[81] Ebd. S. 23.

30

weiterer Begrifflichkeiten, wie Verwesung und Leblosigkeit, kann abhängig vom Entwicklungsstand des Kindes und der Entscheidung vom jeweiligen Begleiter zur Sprache gebracht werden.

2.3.4. Adressatenbezug

Laut Ellermann Verlag eignet sich das Bilderbuch „Abschied von Rune" für Kinder ab fünf Jahren.[82] Der Einsatz dieses Buches muss dennoch von jedem Kind individuell, von seinem Entwicklungsstand und seinen kognitiven Fähigkeiten abhängig gemacht werden. Es gibt gewiss Kinder, die sich im Alter von fünf Jahren mit der Thematik des Bilderbuches auseinander setzen können. Doch gibt es auch Kinder, die im Alter von neun Jahren für eine derartige Auseinandersetzung nicht die nötige Reife besitzen. Unabhängig vom Alter der Leser sollten diese immer durch einen Erwachsenen begleitet werden. Der kindliche Leser sollte über eine gewisse intellektuelle Reife verfügen, die es ihm gestattet, die geschilderten Abläufe und Geschehnisse nachzuvollziehen und zu verstehen. Bild und Text sollten ohne Probleme erfasst werden können. Das Kind sollte in der Lage sein, das Geschehene zu verarbeiten und Gesprächsanlässe mit dem Begleiter wahrzunehmen.

Die sprachlichen Voraussetzungen beinhalten, dass das Kind in der Lage ist, sich verbal auszudrücken. Es sollte die Fähigkeit besitzen, über den Inhalt zu sprechen, eigene Ansichten zu erläutern und Fragen zu formulieren. Diese Vorraussetzungen ermöglichen erst eine sinnvolle Auseinandersetzung mit dem Buch sowie mit der Thematik.

Das Bilderbuch bietet nicht nur Identifikationsmöglichkeiten für kindliche Leser, sondern auch Distanzangebote. Diese entstehen, indem kaum Geschehnisse, Handlungen und Gefühle im Detail geschildert werden. Das Kind ist befähigt, eine Distanz zu der Geschichte einzuhalten. Diese Distanz kann verkleinert werden, indem der Leser beginnt, sich intensiver mit der Thematik zu befassen, diese weiter auszuführen, die Situation auf sich zu beziehen und Fragen zu stellen. Die Entscheidung darüber trifft immer das Kind.

Die Geschichte bezieht sich auf keine besondere soziale Schicht. Es ist davon auszugehen, dass es sich um eine normale Familie aus der Mittelklasse handelt, die in einem guten sozialen Umfeld lebt. Saras Familie ist intakt und lässt auf ein harmonisches, liebevolles Zusammenleben schließen. Es bietet sich eine weitere Identifikationsmöglichkeit für die Kinder, deren Eltern nicht geschieden sind und dessen Großeltern noch leben.

---

[82] Vgl. www.ellermann.de/buecher.

Eine Vorbildung in Bezug auf die Thematik „Tod und Trauer" ist nicht erforderlich, da *„Abschied von Rune"* als Einführung in dieses Thema dienen kann. Weisen Kinder bereits ein Vorwissen auf, können diese ihr Wissen in Gespräche einbringen oder es erweitern. Es hilft den Kindern, über die erlebten Geschehnisse zu sprechen. Sie erfahren, dass auch andere Kinder, in dem Falle Sara, sich in ähnlichen Situationen befinden.

Das Interesse an dieser Thematik muss vom Kind selber ausgehen. Es darf nicht gezwungen werden, sich mit dem Thema „Tod und Trauer" auseinanderzusetzen. Zu gegebenem Anlass sollte den Kindern wiederholt vorgeschlagen werden, sich gemeinsam mit ihnen mit der Thematik zu befassen.

Das Leserverhalten ist vielseitig. Es beinhaltet das **aufklärende** und **informierende**, das **kritische**, das **emotionale** und das **handelnde** Leserverhalten. Das **aufklärende** und **informierende** Leserverhalten bezieht sich auf die Fakten über den Tod, dessen mögliche Ursachen und Folgen, die Trauerfeier und die Beerdigung. Darüber hinaus beinhaltet es mögliche Formen der Trauer und der Trauerbewältigung sowie die Hilfen aus dem Umfeld. Der Leser erhält Einblicke in einen ihm unbekannten Bereich des Lebens. *„Abschied von Rune"* dient als Informationsvermittler, doch muss man berücksichtigen, dass viele Aspekte kaum vertieft dargestellt werden.

Hinsichtlich der oberflächlich geschilderten Darstellung kann eine **kritische** Auseinandersetzung erfolgen. Kinder, die selbst bereits einen Verlust erfahren mussten, könnten anmerken, dass ihnen Ereignisse, Handlungen bzw. detaillierte Beschreibungen dieser fehlen. Es besteht auch die Möglichkeit, dass Kinder sich kritisch den Bildern gegenüber äußern, da diese nicht ihren Vorstellungen und Vorlieben entsprechen.

Ein **emotionales** Leseverhalten ist bei dieser Thematik nicht auszuschließen. Zum einen befasst sich der kindliche Leser mit den Gefühlen der auftretenden Personen, insbesondere Sara, zum anderen können die eigenen Emotionen des Kindes in Erscheinung treten und in die Handlung mit einfließen. Es ist möglich, dass Leser sich von Saras Schicksal derart mitgenommen fühlen, dass sie selbst anfangen zu weinen und traurig sind. Zudem kann es sein, dass Kinder, die schon Verlusterfahrungen haben, sich an diese zurückerinnern und in Tränen ausbrechen.

Das **handelnde** Leseverhalten bedarf der Unterstützung der Eltern. Das Leseverhalten entspricht bei jedem Kind seinen individuellen Fähigkeiten und Interessen. Die Intentionen des Leseverhaltens können vom Kind aus bestimmt und dabei vom begleitenden Erwachsenen gelenkt werden.

Die sprachlichen Fähigkeiten können weiterentwickelt werden, indem das Kind eventuelle neue Begriffe wie Tod und Trauer erlernt. Es lernt die Bedeutung dieser und kann sie direkt beim Namen nennen. Das Kind wird dazu angehalten, sich mit den Bildern auseinanderzusetzen und diese zu beschreiben. So hat es die Möglichkeit, sich sprachlich weiter zu entwickeln. Das Kind lernt, sich mitzuteilen, sich mit seinem Gegenüber über Inhalte des Bilderbuches zu unterhalten und seinem Begleiter mitzuteilen. Diese kommunikative Entwicklung kann nur mit Begleitung erfolgen.

Die literarische Entwicklung besteht darin, dass das Kind dazu angeregt wird, sich mit weiteren Bilderbüchern und Büchern auseinanderzusetzen. Wenn das Kind die Auseinandersetzung mit dem Bilderbuch als angenehm empfunden hat, kann so ein Interesse am Buch generell geweckt und die Lesemotivation gestärkt werden.

2.4. Didaktisch-methodische Fragestellung

Dem Thema „Tod und Trauer" sollte eine besonders hohe Bedeutung beigemessen werden, da dieses jeden Menschen betrifft und irgendwann einmal betreffen wird. Je früher Kinder sich mit dem Thema Tod auseinander setzen, desto unbefangener werden sie mit diesem umgehen und weniger Hemmungen haben, darüber zu sprechen.

Eine Auseinandersetzung mit der Thematik in der Schule ist für Kinder unumgänglich, da Themen, die Kinder betreffen, stets in der Schule behandelt werden sollten. „Tod und Trauer" ist solch ein Thema, das Kinder völlig „überrumpeln" kann und sie ängstigt und verändert. Zu unterscheiden ist, ob diese Thematik nach Bedarf, aufgrund eines entsprechenden Anlasses oder als sogenannte Vorbeugung ohne besonderen Anlass behandelt wird. Diese Entscheidung ist von der Lehrperson, sowie von der Klasse selbst abhängig. Die Eltern sollten aber immer über die Entscheidung, den Verlauf und die Absicht informiert werden.

Die Behandlung dieser sehr ernsten Thematik im Unterricht soll Kindern zunächst einmal die Angst nehmen. Sie sollen behutsam und einfühlsam herangeführt werden. Mit Hilfe einer intensiven Auseinandersetzung sollen die Kinder neue Erkenntnisse erwerben, indem sie diese verstehen und akzeptieren. Zudem muss den Kindern gestattet werden, ihre Gefühle auszuleben, insbesondere das Gefühl der Trauer. Sie sollen lernen, dass es gut ist, seine Emotionen zu zeigen und dass dies manchmal sehr hilfreich sein kann. *„Abschied von Rune"* eignet sich hervorragend für eine intensive Behandlung von „Tod und Trauer", da es die Thematik behutsam, aber realistisch beschreibt, sich auf wesentliche Aspekte beschränkt und Identifikations- und Distanzangebote enthält. Das Bilderbuch ist vielseitig, Aspekte können vertieft oder ausgelassen werden. Unter der Voraussetzung der Begleitung vermittelt das

Bilderbuch durchaus eine positive und selbstsichere Einstellung gegenüber der Thematik. Das Bilderbuch spendet den Kindern Hoffnung und Trost und zeigt, dass es unzählige Hilfen gibt, die in Anspruch genommen werden können.

Es ist nicht notwendig, dass die jungen Leser vor der Behandlung von „Abschied von Rune" einen gewissen Kenntnisstand vorweisen müssen, da das Buch als Einführung ideal ist. Es ist aber erforderlich, dass die Lehrpersonen über den jeweiligen Kenntnisstand informiert sind.

Es muss aber auch eine kritische Auseinandersetzung stattfinden, in der Kinder bemängeln, dass einige Details, wie die konkrete Benennung von Gefühlen, unerwähnt bleiben. Kinder, die bereits Erfahrungen mit dem Erleben eines Verlustes haben, können auf die fehlenden Aspekte im Bilderbuch aufmerksam machen. Diese fehlenden Aspekte sind zugleich Diskussionsstoff für gemeinsame Gespräche, in denen Kinder Gefühle wie Ohnmacht und Niedergeschlagenheit, sowie die Trauer von Saras Eltern erschließen können. Dies ist entgegen aller Kritik wiederum positiv zu bewerten.

Die Sprachkenntnisse werden dahingehend gefördert, dass Begrifflichkeiten der Thematik klar benannt und in Text und Bild verständlich gemacht werden. Sie erfahren, dass bereits wenige Worte und Gesten ausreichen, um Gefühle für andere sichtbar auszudrücken.

Eine Lesefähigkeit wird hier nicht vorausgesetzt und wird auch nicht gefördert. Das Vorlesen der Geschichte durch einen Erwachsenen hat einen höheren Stellenwert, da die Kinder sich auf die Geschichte konzentrieren sollen, ohne sich um das Lesen kümmern zu müssen. So werden sie nicht vom Inhalt des Buches abgelenkt.

Das Bilderbuch beinhaltet viele Reflexions- und Gesprächsanlässe. Neben den Gesprächen zum Thema „Trauer" können noch weitere Reflexionen zu den Themen „Freundschaft" und „Familie" entstehen. Über jeden dieser Gesprächsanlässe kann ein Kind zur Auseinandersetzung mit der eigenen Situation, den eigenen Gefühlen gelangen und diese reflektieren. Ebenso gibt es zahlreiche methodische Möglichkeiten, die Problematik von „Tod und Trauer" zu behandeln. Die zu „Abschied von Rune" veröffentlichte Diareihe eignet sich vor allem zur Einführung in das Bilderbuch und die damit verbundene Thematik. Die Dias können beispielsweise parallel zum Vorlesen gezeigt werden. So können Kinder den Erzählungen der Lehrperson zuhören und gleichzeitig die Bilder der Geschichte betrachten. Die Dias sollten zweimal gezeigt werden. Dann können die Kinder sich beim ersten Mal auf die Geschichte konzentrieren und beim zweiten Mal die Geschichte mit ihren eigenen Worten wiedergeben.[83] Anhand der Wiedergabe der Handlung „*wird deutlich, was sie selbst wollen, was ihre Fragen sind, was sie sich vorstellen.*"[84] Das Bilderbuch regt dazu an, dass Kinder ergänzend zu den Textstellen Bilder malen. Die Kinder tauchen somit in das Geschehene der Handlung ein und führen die bereits vorhandenen Bilder weiter. Neben den Malanlässen gibt es zahlreiche Schreibanlässe, die aus dem Bilderbuch resultieren. Mit Augenmerk auf die Bilder können Kinder Textsequenzen hinzu erfinden und ergänzen. Sie können Gedanken weiterführen, Dialoge zwischen Sara und den anderen Personen schreiben oder sogar einen Monolog Saras verfassen. Die Kinder können Tagebuch aus der Sicht Saras zu bestimmten Situationen führen oder einen Brief aufsetzen, der an unterschiedliche Menschen aus dem Buch adressiert ist. Diese und andere Schreibanlässe ermöglichen den Kindern sich in die gesamte Situation sowie in die einzelnen Personen hineinzufühlen. Die Kinder drücken Gefühle, Ängste und Gedanken sprachlich aus und erfahren, wie schwer es ist, diese in Worte zu fassen.

Die hier angeführten methodischen Möglichkeiten schaffen lediglich einen kleinen Überblick, der veranschaulichen soll, dass es unzählige methodische Anregungen gibt, mit denen Kinder das Bilderbuch „*Abschied von Rune*" interessant und einfühlsam bearbeiten können.

Für die Auseinandersetzung mit dem Thema „Tod und Trauer" ist es hilfreich, wenn man die Möglichkeit hat, mit Hospizvereinen, Kinderhilfsvereinen oder Trauerberatungsstellen in Kontakt zu treten. Diese stehen häufig für Beratungsgespräche auf Elternabenden, Lehrerkonferenzen oder gar in der Klasse zur Verfügung. Gerade bei der Schwere der Thematik kann dies Eltern, Erziehern und Lehrern besonders hilfreich sein.

„*Abschied von Rune*" eignet sich nicht uneingeschränkt zur Aufnahme in die Klassenbibliothek, da dieses Buch nicht von Kindern alleine gelesen werden soll. Eine Begleitung durch einen Erwachsenen ist hier zwingend notwendig. Wird einem Kind das Buch durch einen Lehrer zum Beispiel empfohlen, so sollten unbedingt die Eltern informiert werden. Die Lehrperson sollte das Wohlergehen des Kindes im Auge behalten und dessen Verhaltensweisen aufmerksam beobachten.

---

[83] Vgl. Hermann, Maria: Abschied von Rune. Begleitheft. Calwer Verlag, Stuttgart 2002. S. 17.
[84] M. Hermann, 2002, S. 17f.

2.5. Fazit

„Abschied von Rune" ist ein Bilderbuch, das den Schwerpunkt auf die Thematik „Tod und Trauer" setzt und fortlaufend wesentliche Aspekte berücksichtigt, um dieses Thema angemessen zu behandeln. Die Schwere des Themas wird durch Text und Bild deutlich gemacht indem Gefühle und Atmosphären entsprechend deutlich gemacht werden. „Abschied von Rune" beinhaltet das Potenzial, das von einem derartigen „Klassiker" der problemorientierten Kinderliteratur erwartet wird.

3. Didaktische Überlegungen

Es ist wichtig, eine Verknüpfung zwischen den thematischen Inhalten des Unterrichts und der Lebenswelt des Kindes herzustellen, um die Themen für die Kinder verständlicher und zugänglicher zu machen.

Martina Plieth und Ulrike Itze betonen, dass ein herannahendes oder hereinbrechendes Todesereignis jedoch lediglich in Ausnahmefällen den Ansatzpunkt für den Einstieg in eine Unterrichtseinheit zum Thema „Sterben und Tod" bilden sollte. Ein gewisser zeitlicher Abstand zu einer belastenden Todeserfahrung ist vonnöten, um mit den Schülern ruhig und sachlich über ihre Fragen, Ängste und Vorstellungen sprechen zu können.[85]

Ein aktuelles Todesereignis, welches ein Kind oder alle Kinder der Klasse unmittelbar betrifft und belastet, bedarf jedoch einer speziellen Zugangsweise. „Die Begleitung eines einzelnen Kindes in einer akuten Verlustsituation ist sicherlich mehr eine erzieherisch-menschliche als eine didaktische Aufgabe."[86] In diesen Fällen muss es zunächst darum gehen, das Kind seelsorgerisch in seiner Trauer zu begleiten, seine Trauer über den Verlust auch in der Klasse zur Sprache zu bringen, dem Kind die Gewissheit zu vermitteln in der Klasse angenommen und unterstützt zu sein und dort erleben zu können, dass ein kleiner Teil der Normalität bestehen bleibt. Der Lehrer sollte dem Kind die Möglichkeit geben, auch mit ihm alleine sprechen zu können, ihm aber ebenso Rückzugsmöglichkeiten gewähren.

Das trauernde Kind kann auf diese Weise erfahren, dass es seine Trauer in der Klasse offen ausdrücken darf und mit seiner Trauer angenommen ist. Die Klasse kann das Gefühl der Trauer so als etwas Soziales und Menschliches erfahren und Umgangsformen mit Trauer und

---

[85] Vgl. Itze, Ulrike/ Plieth, Martina: Tod und Leben. Mit Kindern in der Grundschule Hoffnung gestalten. Auer
Verlag GmbH, Donauwörth 2002. S. 118.
[86] U. Itze/ M. Plieth, 2002, S. 119

mit Trauernden kennen lernen. Bestimmte Trauerrituale erleichtern nicht nur dem trauernden Kind, sondern auch seinen Klassenkameraden den Umgang mit der unbekannten Situation. So könnte dem trauernden Kind zum Beispiel die Möglichkeit gegeben werden, im morgendlichen Stuhlkreis von seinem schmerzlichen Verlust zu berichten. Es bietet sich an, mit dem trauernden Kind eine Kerze für den Verstorbenen anzuzünden und gemeinsam ein Gebet zu sprechen oder ein Lied zu singen. Wenn das betroffene Kind dazu bereit ist, sollte es die Möglichkeit haben, über den verlorenen Menschen oder das geliebte verstorbene Haustier zu sprechen. Zudem sollte den anderen Kindern die Möglichkeit eingeräumt werden, dem Kind Fragen stellen zu dürfen. Das durchbricht die Barriere und zeigt dem trauernden Kind die Anteilnahme seiner Mitschüler.

Das Mitbringen eines Fotos oder anderer Erinnerungsstücke, von denen das Kind erzählen darf, sollte dem trauernden Kind gestattet werden, da sie als Unterstützung dienen, Trost spenden und zur Bewältigung des Todeserlebnisses beitragen können. Auch das tägliche rituelle Entzünden einer Kerze kann diese Aufgabe erfüllen.[87]

Die Unterrichtsgespräche sollten den Kindern die Möglichkeit geben, mit Erwachsenen und Gleichaltrigen über Fragen und Vorstellungen vom Tod zu sprechen, Emotionen zu äußern und zu neuen Ansichten zu gelangen. Die Beiträge und die Beteiligung der Schüler während des Gesprächs zu würdigen, ist eine wichtige Aufgabe des Lehrers. Den Kindern muss verdeutlicht werden, dass es keine falschen Fragen gibt und alle Gedanken, Gefühle und Vorstellungen wichtig sind.

Dass die Gespräche über das Thema „Tod und Trauer" unentbehrlich sind, ist deutlich gezeigt worden. Trotzdem sei, auch im Sinne des Lehrplans, noch einmal darauf hingewiesen, dass Kinder über ein breites Spektrum an Ausdrucksformen verfügen, die im Unterricht nicht vernachlässigt werden sollten.

Auch ein fächerübergreifender Unterricht oder die Gestaltung des Themas in der Form eines Projekts, bieten mögliche Alternativen zum gewohnten Unterrichtsablauf. Die Dimensionen Zeit und Raum können dabei anders und vorteilhafter berücksichtigt werden, da eine Beschränkung auf den üblichen 45-Minuten Takt aufgehoben wird, und die Möglichkeiten zur Raumgestaltung und –nutzung vergrößert werden.

Prinzipiell sollte Projektarbeit unbeschwert sein und Lust „auf mehr" machen – gerade bei so einem schwierigen Thema.

Im Folgenden stelle ich eine Projektarbeit der Alexander-Grundschule in Vechta vor, die sich mit dieser schweren Thematik auseinandersetzt.

---

[87] Vgl. U. Itze/ M. Plieth, 2002, S. 119f.

3.1. Fächerübergreifende Möglichkeiten des Themas

3.1.1. Eine Projektarbeit zum Thema „Tod und Sterben"

„Und jedem Ende wohnt ein Anfang inne." Abschied von Rune – ein fächerübergreifendes Projekt zum Thema „Tod und Sterben", ist in den Fächern Deutsch, Kunst und Musik durchzuführen, wobei im Deutschunterricht mit der Behandlung des Bilderbuches *„Abschied von Rune"* die Grundlage des Projektes geschaffen wird. Der Abschluss und gleichzeitige Höhepunkt des Projektes soll die Aufführung einer Szenen-Collage zum Thema „Abschiednehmen" sein, was erfordert, dass die Klasse sich nach Schaffung einer gemeinsamen Wissensbasis in Gruppen aufteilt. Eine Gruppe erarbeitet ein Rollenbuch zum Thema „Abschiednehmen" für die geplante Präsentation. Die zweite Gruppe beschäftigt sich mit den Ausdrucksformen von „Tod und Trauer" im Kunstunterricht und erstellt anschließend eine Kulisse für die Szenen-Collage. Mit den Ausdrucksformen von „Tod und Trauer" im Musikunterricht beschäftigt sich die dritte Gruppe und erstellt Musik zur Untermalung der Collage.[88]

Die groben Ziele der Projektarbeit bestehen in dem ästhetischen Entdecken der Welt durch Lesen, Hören, Betrachten, Sprechen und Gestalten. Entsprechend ihrem Entwicklungsstand sollen die Kinder sich mit dem Thema auseinandersetzen und Gefühle und Gedanken ausdrücken können. Die Bildung der Persönlichkeit der Kinder soll gefördert und ihr Sozialverhalten gestärkt werden. Zudem sollen sie mit Bewältigungsstrategien und Problemlösungen bei Trauer- und Verlustsituationen vertraut gemacht werden.[89]

Zur Begründung des Projektes werden die Rahmenrichtlinien für die Grundschule des Landes Nordrhein-Westfalen herangezogen. Im Fach Deutsch ist das Projekt den Lernbereichen „mündliches Sprachhandeln" und „Umgang mit Texten" zuzuordnen.[90] Innerhalb des Deutschunterrichtes sprechen die Kinder im Klassenverband über ein Thema,[91] „denken es weiter und äußern eigene Meinungen dazu."[92] Zudem äußern sie „eigene Gefühle und verstehen

---

[88] Vgl. alexanderschule-vechta.de, Link 3.4.
[89] Vgl. ebd., Link 1.2.
[90] Vgl. Ministerium für Schule, 2003. S. 31.
[91] Vgl. ebd. S. 46.
[92] Ebd.

die Befindlichkeit anderer [...] Schüler."[93] Sie finden in dem „Text gezielt Informationen und können sie zusammenfassend wiedergeben. Sie denken über Texte nach, nehmen zu Gedanken, Handlungen, Personen Stellung [...]"[94] und „äußern Vermutungen über den weiteren Fortgang."[95] Der Deutschunterricht greift den alltäglichen mündlichen Sprachgebrauch auf und entwickelt diesen weiter. Die Schüler sollen zu einem kreativen Umgang mit der Sprache motiviert werden.[96]

Im Kunstunterricht ist das Projekt dem Lernbereich „Farbiges Gestalten" angehörig.[97] Die Schüler sollen Farben bewusst einsetzen und ihre Wirkung und Wechselwirkung verstehen und beobachten.[98] Sie sollen ausgewählte Kunstwerke kennen lernen und deren Bedeutungszusammenhänge erkennen und in eigenen Darstellungen berücksichtigen und einbeziehen.[99] Die Schüler vergleichen und reflektieren ihre Arbeiten und sollen Kritik äußern, annehmen und verstehen.[100]

Im Musikunterricht berücksichtigt das Projekt die Aspekte „Musik machen", „Musik hören" und „Musik umsetzen". Es ist die Aufgabe des Musikunterrichtes die Kompetenzen, wie Einfühlungsvermögen, Kreativität, Konzentrations- und Motivationsfähigkeit und die Kommunikations- und Teamfähigkeit, auszubilden.[101] Die Schüler sollen erfahren, dass Musik Stimmungen und Gefühle ausdrücken kann.[102] Zudem erfinden sie mit Fantasie und Kreativität eigene Musik, indem sie dazu selbst hergestellte Klangerzeuger nutzen.[103]

Die abschließende Aufführung der Szenen-Collage beinhaltet das szenische Spielen. Die Schüler gestalten Rollen aus dem Buch, erproben und verändern diese. Sie proben die einzelnen Szenen, beobachten, besprechen und entwickeln diese schließlich weiter. Ihnen werden kooperatives Handeln und untereinander abgestimmte Organisationsformen abverlangt.[104]

Aufgrund des projektorientierten und fächerübergreifenden Unterrichtes „lässt sich das Thema „Abschiednehmen – Tod und Sterben" nicht nur literarisch, sondern auch musisch und

---

[93] Ministerium für Schule, 2003, S. 46.
[94] Ebd. S. 48.
[95] Ebd.
[96] Vgl. ebd. S. 29.
[97] Ebd. S. 116.
[98] Vgl. ebd. S. 118.
[99] Ministerium für Schule, 2003, S. 122.
[100] Ebd. S. 124.
[101] Ebd. S. 93.
[102] Ebd. S. 102.
[103] Ebd. S. 100.
[104] Ebd. S. 112.

künstlerisch behandeln. Verschiedene Betrachtungswinkel und Zugänge werden den Schülern eröffnet."[105]

Die Bearbeitung des Bilderbuches *„Abschied von Rune"* im Deutschunterricht mit der gesamten Klasse ist auf vier Sequenzen verteilt, die jeweils neunzig Minuten beanspruchen.

Die erste Sequenz „Abschied nehmen"[106] dient der Hinführung zum Thema, wobei die Lehrperson das Vorwissen der Kinder behutsam abklären muss. Die Kinder setzen sich mit ihren persönlichen Erfahrungen zum Thema „Abschied nehmen" auseinander, indem sie in einer entspannten Atmosphäre ein Bild zu der Frage: „Wovon/ von wem habe ich schon Abschied nehmen müssen?"[107] malen. Mithilfe des Bildes fällt es den Kindern leichter, im Anschluss über ihre Erfahrungen zu sprechen. Das Zusammenkleben der Bilder zu einem „Trauerberg" symbolisiert, dass die Trauer überwunden werden kann und es möglich ist, positiv in die Zukunft zu blicken.[108]

In der zweiten Sequenz „Trauer" beginnt der eigentliche Einsatz des Bilderbuches *„Abschied von Rune"*. Nun lernen die Kinder das Buch kennen.[109] Indem das Buch abschnittsweise vorgelesen wird und die entsprechenden Dias gezeigt werden, beginnen die Kinder über die Gefühle und ihre Strategie zur Bewältigung der Trauer zu reden. Sie versetzen sich in die Protagonistin hinein und versuchen, ihre Reaktionen kritisch zu beleuchten. Anhand einer von den Schülern erstellte „Kummermauer"[110], deren einzelne Bausteine darauf hinweisen, was Sara noch alles mit Rune erleben wollte, wird Saras Verzweifelung unterstrichen. In dieser Sequenz wird die Endgültigkeit des Todes genauer veranschaulicht.[111]

Innerhalb der dritten Sequenz „Trost" erhalten die Kinder anhand von Textstellen und Bildern einen Einblick in die Durchführung von Trauerfeiern und Beerdigungen. Indem die Schüler Trostbriefe an Sara erstellen, erhalten sie die Gelegenheit, eigene Schmerz- und Trosterfahrungen in ihren Briefen mit einfließen zu lassen.

In der letzten Sequenz „Neubeginn" lernen die Kinder, dass Trost spenden etwas sehr Komplexes und Andauerndes ist. Die Kinder stellen eigenhändig Überlegungen an, wie Sara getröstet werden kann. Die Ideen werden auf gelben Krepppapierstreifen festgehalten. Diese Papierstreifen werden anschließend im Stuhlkreis zu dem Symbol einer Sonne zusammengelegt.

---

[105] alexanderschule-vechta.de, Link 2.
[106] Ebd., Link 3.3.1.
[107] Ebd., Link 3.3.1.
[108] alexanderschule-vechta.de, Link 3.3.1.
[109] Vgl. ebd., Link 3.3.2.
[110] Ebd., Link 3.3.2.
[111] Vgl. Ebd.

Während der gesamten Behandlung des Bilderbuches können die Kinder stets ihre eigenen Erfahrungen auf die Hauptdarstellerin projizieren und ihre eigenen Ansichten in das Unterrichtsgeschehen mit einfließen lassen.

Nach dieser Einheit werden die Kinder in drei Gruppen unterteilt. Die Kinder der Deutschgruppe erarbeiten ein Rollenbuch zur Szenen-Collage, die vertiefte Schwerpunkte zur vorausgegangenen Arbeit widerspiegelt. Der Inhalt des Rollenbuches darf weit über das im Bilderbuch beschriebene Handlungsgeschehen hinausgehen.[112]

Die Kinder der Kunstgruppe erfahren „Ausdrucksformen von Gefühlen in bekannten Kunstwerken"[113] und wie Gefühle und Stimmungen bildhaft dargestellt werden können. Sie erfahren, welche Ausdrucksformen es gibt und welche Körperhaltung bei der Darstellung von Gefühlen eine Rolle spielt. Danach erfolgt eine Besprechung und Überarbeitung der von den Kindern angefertigten Bilder.[114]

Beim „Erstellen von Trauerkarten" wird wieder die Verbindung zum Bilderbuch „Abschied von Rune" hergestellt, indem Runes Eltern eine Trauerkarte geschrieben wird. Die Kinder erfahren, dass Kartenschreiben eine Möglichkeit ist, einem trauernden Menschen seine Anteilnahme auszudrücken. Zum Schluss stellen die Kinder Kulissen für die Szenen-Collage her und erfahren, wie wichtig es ist, sich mit den anderen Gruppen abzusprechen.[115] In der Zusammenarbeit entwickeln die Kinder soziales Verhalten und Kompromissbereitschaft.

Die Kinder der Musikgruppe lernen in der ersten Sequenz „Aussage und Wirkung von Musik" durch das Vorspielen von zwei unterschiedlichen Musikstücken[116], dass Musik die Fähigkeit besitzt, Gefühle und Stimmungen auszudrücken. Zudem sollen sie erfahren, dass sich „Musik bei der Darstellung von Affekten eines Textes bedienen kann."[117] Durch das eigenständige Ausprobieren von Melodien auf vorhandenen Schulinstrumenten sammeln die Kinder eigene Klangerfahrungen.

In der folgenden Sequenz „Instrumentenbau" entwickeln sie eigene Klangerzeuger, wie Trompeten (Plastikschlauch, Trichter) und Flaschenorgeln (8 gleiche Flaschen, Wasser). Beim Bau der Instrumente entwickeln die Schüler ein sehr gutes Klanggespür.

---

[112] alexanderschule-vechta.de, Link 3.4.
[113] Ebd., Link 3.5.1.
[114] alexanderschule-vechta.de, Link 3.5.2.
[115] Ebd., Link 3.5.4.
[116] alexanderschule-vechta.de, Link 3.6.1.
[117] Ebd., Link 3.6.

Zum Schluss entwickeln die Kinder „Klänge zu einer Szenen-Collage"[118]. Hier wird mit der Deutschgruppe besprochen, an welcher Stelle der Szenen-Collage eine musikalische Untermalung vorkommen soll. Diese Untermalung wird durch die Kinder dann vervollständigt.

Die letzte Sequenz „Proben für die Szenen-Collage"[119] beinhaltet zahlreiche Proben, in denen den Schüler aus allen Gruppen Ausdauer, Konzentration und Kompromissbereitschaft abverlangt werden.[120] Die Projektarbeit endet mit der Aufführung der Szenen-Collage vor den Eltern der Kinder.[121]

„Und jedem Ende wohnt ein Anfang inne. Abschied von Rune – ein fächerübergreifendes Projekt zum Thema Tod und Sterben"[122] ist ein abwechselungsreiches und ansprechendes Projekt, dass die Thematik einfühlsam behandelt. Die Kinder werden immer aktiv in das Unterrichts- geschehen integriert, wobei ihre persönlichen Erfahrungen stets Berücksichtigung finden und wesentlich zum Unterrichtsverlauf beitragen. Indem sich die Kinder in die Protagonistin des Bilderbuches einfühlen, erfahren sie den Stellenwert einiger im Buch auftretender Aspekte, wie Trost, Rituale, Endgültigkeit des Todes, Bewältigungsstrategien und Gefühle. Aufgrund des fächerübergreifenden Unterrichts erkennen die Kinder, dass Gefühle und Stimmungen mit der Unterstützung von Bildern und Musik ausgedrückt werden können. Es ist sinnvoll, dass in vielerlei Hinsicht über das Bilderbuch „Abschied von Rune" hinaus gearbeitet wird, da dies den Kindern Freiraum für eigene kreative Ideen lässt. Die Projektarbeit lässt sich gut mit den Rahmenrichtlinien des Landes Nordrhein-Westfalen für die Grundschule vereinbaren. Alle Kinder verfolgen ein gemeinsames Ziel, nämlich die Aufführung der Szenen-Collage am Ende des Projektes.

3.2. Durchführung eines Elternabends

Wer einen Elternabend zum Thema „Tod und Trauer" in der Schule plant, wird wahrscheinlich erst einmal auf Ablehnung und Desinteresse stoßen. Die ablehnenden Reaktionen der Eltern dürfen einen Lehrer nicht davon abhalten, dieses Thema bei einem Elterabend zu präsentieren. Die Verunsicherung seitens der Eltern bei solch einer Thematik

---

[118] Ebd., Link 3.6.4.
[119] alexanderschule-vechta.de, Link 3.6.6.
[120] Vgl. ebd.
[121] Ebd., Link 3.7.
[122] alexanderschule-vechta.de

wird nicht offen zugegeben, sondern mit fadenscheinigen Argumenten entkräftet.[123] *„Das ist derzeit bei uns kein Problem"* oder *„Ich halte ein Sprechen darüber für eine Dramatisierung, die nicht gut ist."*[124] sind nur wenige Argumente, die Eltern gerne benutzen. Diesen scheinbar vorgeschobenen Argumenten ist entgegenzusetzen, dass Kinder auf Tod und Trauer vorbereitet werden müssen, da sie durch plötzliche Ereignisse nicht überfordert werden sollen. Kinder, die im Grundschulalter sind, beginnen zu fragen, wenn zum ersten Mal im persönlichen Umfeld jemand stirbt. Eltern können so schnell in Verlegenheit kommen, wenn sie keine Antworten auf diese Fragen wissen. Gerade dann ist es umso hilfreicher, wenn zwischen Eltern und Lehrern eine Gesprächsmöglichkeit besteht.

Bei der Vorbereitung eines Elternabends ist es ratsam, über einen Referenten nachzudenken. Dieser entlastet erfahrungsgemäß eine solche Runde. Zudem ist es für manche Eltern leichter, wenn eine neutrale Person die Gespräche leitet. Wenn der Elternabend ohne Gastredner stattfinden soll, ist es wichtig, dass die Lehrer genügend Zeit haben, den Abend vorzubereiten und sich mit dem Thema auseinanderzusetzen.[125] Wenn alle diese Punkte erfüllt werden, kann den Eltern die Skepsis und Angst genommen werden, mit ihren Kindern diese Thematik zu behandeln.

4. Schlusswort

Die Arbeit hat gezeigt, dass eine Auseinandersetzung mit Kindern über das existentielle Thema „Tod und Trauer" allen möglichen Bedenken zum Trotz, notwendig und unumgänglich ist, wenn wir die Kinder umfassend auf das Leben mit all seinen großen und kleinen Abschieden vorbereiten möchten.

Eine offene Umgangsweise mit dem Thema und die ehrliche Beantwortung der kindlichen Fragen, ist eine Grundvoraussetzung dafür, dass auch Kinder dem Umgang mit dem Tod angstfreier begegnen können und lernen, den Tod als natürliche Grenze des Lebens zu akzeptieren.

Offen und ehrlich gegenüber den Kindern zu sein, bedeutet jedoch auch, zu eigenen Unsicherheiten und Ängsten zu stehen und das eigene Nicht-Wissen vor ihnen preiszugeben.

---

[123] Vgl. Ennulat, Gertrud: Kinder in ihrer Trauer begleiten. Ein Leitfaden für ErzieherInnen. Verlag Herder
     Freiburg im Breisgau, 1998, S. 79.
[124] G. Ennulat, 1998, S. 79.
[125] Ebd. S. 80.

Die Möglichkeit der angemessenen Reaktion eines Elternteils, eines Erziehers oder einer Lehrperson erhöht sich, wenn diesen, die der Arbeit zu Grunde liegenden Hintergrundinformationen vertraut sind und sie diese in ihrem Handeln berücksichtigen. Über das aufgeführte Hintergrundwissen sollte jeder Pädagoge informiert sein, bevor sich dieser der Thematik widmet, da es zu einem angemessenen, einfühlsamen und respektvollen Umgang mit dem Thema innerhalb einer Klasse befähigt.

Die Analyse des Bilderbuches „Abschied von Rune" hat eindeutig ergeben, dass sich dieses Buch sehr gut für eine intensive schulische Auseinandersetzung mit der Thematik „Tod und Trauer" eignet. „Abschied von Rune" wird der Thematik „Tod und Trauer" vollständig gerecht, indem das Bilderbuch einen Großteil der zu Beginn der Arbeit geschilderten Hintergrundinformationen, wie die kindlichen Todeskonzepte, die Trauerphasen, das kindliche Trauerverhalten und die den Trauerprozess unterstützenden Hilfen, berücksichtigt. Diese Aspekte beinhaltet „Abschied von Rune" in einer realistischen und schönen Erzählung, die den kindlichen Leser behutsam mit der Thematik konfrontiert. Berechtigterweise gilt das norwegische Bilderbuch bei Pädagogen als der „Klassiker" unter den realistischen und problemorientierten Bilderbüchern, die die Thematik „Tod und Trauer" behandeln.

Die Beschreibung der Projektarbeit „Tod und Sterben" gab einen exemplarischen Einblick in die unzähligen didaktischen Überlegungen zum Thema „Tod und Trauer". Es ist deutlich geworden, dass die didaktischen Überlegungen vielfältig und ansprechend sind, wobei der Schwerpunkt stets klar definiert sein muss. Zudem ist anzumerken, dass die Entscheidung, ein Bilderbuch wie „Abschied von Rune" als Grundlage für eine Projektarbeit heranzuziehen, durchaus gelungen und sinnvoll ist.

Während der Bearbeitung dieses umfangreichen Themas, sind mir viele weitere wichtige und interessante Aspekte begegnet, die im Rahmen dieser Arbeit leider nicht berücksichtigt werden konnten.

Zum Abschluss bleibt zu sagen, dass es wünschenswert wäre, wenn an die Stelle der erörterten Tabuisierung von „Tod und Trauer" eine einfühlsame Auseinandersetzung mit der Thematik treten würde, um Kinder nicht der „Macht, Willkür und Tragik"[126] des Todes und der Trauer auszuliefern.

---

[126] Franz, Margit: Tabuthema Trauerarbeit. Erzieherinnen begleiten Kinder bei Abschied, Verlust und Tod
Don Bosco Verlag München 2004. S. 49.

Literaturverzeichnis und weiterführende Literatur

Primärliteratur

ØYEN, Wenche/ KALDHOL, Marit (1987): Abschied von Rune. Verlag Heinrich von Ellermann GmbH, Hamburg.

Sekundärliteratur

ARENS, Veronika (1994): Grenzsituationen. Mit Kindern über Sterben und Tod sprechen. In der Reihe: Kollmann, Roland (Hrsg.): Religionspädagogische Perspektiven. Band 19. Essen.

ARMBRÖSTER-GROH, Elvira (2001): Abschied von Rune – Ein Bilderbuch zum Thema „Tod". In: Cromme, Gabriele/ Lange, Günter (Hrsg.): Kinder- und Jugendliteratur. Lesen – Verstehen – Vermitteln. Didaktik der Kinder- und Jugendliteratur. Band 1. Schneider Verlag, Hohengehren. S. 18-25.

ENNULAT, Gertrud (1998): Kinder in ihrer Trauer begleiten. Ein Leitfaden für ErzieherInnen. Verlag Herder, Freiburg im Breisgau.

ENNULAT, Gertrud (2003): Kinder trauern anders. Wie wir sie einfühlsam und richtig begleiten. Verlag Herder, Freiburg im Breisgau.

FINGER, Gertraud (2001): Mit Kindern trauern. Kreuz Verlag, 2. Auflage. Stuttgart-Zürich.

FRANZ, Margit (2004): Tabuthema Trauerarbeit. Erzieherinnen begleiten Kinder bei Abschied, Verlust und Tod. Don Bosco Verlag, 2. Auflage. München.

GROLLMAN, Earl A. (1991): Mit Kindern über den Tod sprechen. Ein Ratgeber für Eltern. Christliche Verlagsanstalt GmbH, Konstanz.

HALBEY, Hans-Adolf (1997): Bilderbuch: Literatur. Neun Kapitel über eine unterschätzte Literaturgattung. Beltz Athenäum Verlag, Weinheim.

HERMANN, Maria (2002): Abschied von Rune. Begleitheft. Calwer Verlag, 2. Auflage. Stuttgart.

HINDERER, Petra/ KROTH, Martina (2005): Kinder bei Tod und Trauer begleiten. Konkrete Hilfestellungen in Trauersituationen für Kindergarten, Grundschule und zu Hause. Reihe: Pädagogische Kompetenz. Band 3. Ökotopia Verlag, Münster.

ITZE, Ulrike/ PLIETH, Martina (2002): Tod und Leben. Mit Kindern in der Grundschule Hoffnung gestalten. Auer Verlag GmbH, Donauwörth.

JÜNGEL, Eberhard (1993): Tod. Gütersloher Verlagshaus, 5. Auflage. Gütersloh.

Kinder- und Jugendliteratur – Ein Lexikon – Autoren Illustratoren Verlage Begriffe. Literarische Begriffe/ Werke/ Medien. Band 4. Teil 5. Corian 1996.

KNÖRZER, Wolfgang/ GRASS, Karl (2000): Den Anfang der Schulzeit pädagogisch gestalten. Studien- und Arbeitsbuch für den Anfangsunterricht. Beltz Verlag, 5. Auflage. Weinheim/Basel.

LEIST, Marielene (1999): Kinder begegnen dem Tod. Gütersloher Verlagshaus, 4. Auflage. Gütersloh.

LUDWIG, Claudia (2001): Tiere suchen ein Zuhause. Wenn das Haustier stirbt. Vom Umgang mit Tieren, Tod und Trauer. Vgs Verlagsgesellschaft, Köln.

Ministerium für Schule, Jugend und Kinder des Landes Nordrhein-Westfalen (2003): Richtlinien und Lehrpläne zur Erprobung für die Grundschule in Nordrhein-Westfalen. Ritterbach Verlag, Frechen.

PLIETH, Martina (2002): Kind und Tod. Zum Umgang mit kindlichen Schreckensvorstellungen und Hoffnungsbildern. Neukirchener Verlag, 2. Auflage. Neukirchen-Vluyn.

SPECHT-TOMANN, Monika/ TROPPER, Doris (2004): Wir nehmen jetzt Abschied. Kinder und Jugendliche begegnen Sterben und Tod. Patmos Verlag GmbH & Co.KG, 3. Auflage. Düsseldorf.

SPÖLGEN, Johannes/ EICHINGER, Beate (1996): Wenn Kinder dem Tod begegnen. Fragen – Antworten aus der Erfahrung des Glaubens. Erich Wewel Verlag, München.

STERN, Erich (1957): Kind, Krankheit und Tod. Ernst Reinhardt Verlag, München.

STUDENT, Johann-Christoph (2004): Sterben, Tod und Trauer. Handbuch für Begleitende. Verlag Herder, Freiburg im Breisgau.

THIELE, Jens: Das Bilderbuch. In: Lange, Günter (Hrsg.) (2000): Taschenbuch der Kinder- und Jugendliteratur. Grundlagen Gattungen. Band 1. Schneider Verlag Hohengehren GmbH, 2. Auflage. Baltmannsweiser.

CD-ROM:

Microsoft Encarta Enzyklopädie 2003. 1993–2002 Microsoft Corporation.

Internetseiten:

www.alexanderschule-vechta.de/rune/seiten/index.htm. (15.11.2006)
www.ellermann.de/autoren/index.php3. (10.10.2006)
www.ellermann.de/autoren/auszeichn.php3?ID=10049. (10.10.2006)
www.ellermann.de/buecher/buecher_detail.php3?ID=3-7707-6272-X. (10.10.2006)

Mehr zu diesem Thema finden Sie in: „"Tod und Trauer" als Thema im Grundschulunterricht?"

ISBN: 978-3-638-93644-6

http://www.grin.com/de/e-book/89027/

BEI GRIN MACHT SICH IHR WISSEN BEZAHLT

- Wir veröffentlichen Ihre Hausarbeit,
  Bachelor- und Masterarbeit

- Ihr eigenes eBook und Buch -
  weltweit in allen wichtigen Shops

- Verdienen Sie an jedem Verkauf

Jetzt bei www.GRIN.com hochladen
und kostenlos publizieren